富裕層顧客の特性とアプローチ法

プライベートバンカーのためのリテール戦略

有田敬三

伊藤宏一

柴原　一

三好秀和

同友館

はじめに

　本書は、ある都市銀行の富裕層向けのマネーコンサルタントを対象とした研修の依頼を受けて実施した、3年間の講義をもとに作成されています。初年度は、ビジネススクール（立命館大学大学院経営管理研究科）で私が担当する講座「リテール戦略論」の科目履修生として参加していただきましたが、翌年は科目履修ではなく受託講座として大阪だけでなく東京でも開催するようになり、3年目はそれまでの講義方式を研究会方式に変更して開催いたしました。研修という枠を超えて富裕層向けリテールのあり方を考察したいという想いからです。

　このプライベートバンキング研究会は「金融機関、つまり、供給サイドから金融商品の提案方法のあり方を需要サイドである顧客の視点に立って再確認することで、富裕層の金融商品購入の消費者行動について議論しながら、受講生とともに一定の解を得る」ことを目的に開催されました。参加者は都市銀行のみならず信託銀行、外資系生保などの富裕層担当者も加わったこと、そして、ユニークなのは実際の富裕層（医療法人理事長、東証一部上場会社の創業者）を囲んで富裕層のマインドを研究したことでした。そのほかにも立命館大学経営大学院客員教授の小島明先生（元日本経済新聞社の論説主幹）や澤上篤人先生（さわかみ投信会長）にも講義をしていただきました。多様な一流の方とどう同じテーマで向き合えるのかを試す機会を与えたかったからです。

　プライベートバンキング業務は2つのタイプに分かれます。18世紀欧州の王室や貴族の財政的な執事が一族の財産を保持するために銀行業を営み発展した資産管理タイプと、米国の大手商業銀行や投資銀行のように資産運用を

主軸にサービスを提供するタイプがあります。日本ではかつて、米国型の資産運用タイプの富裕層アプローチを実施した会社がありましたが、情報収集に失敗して撤退したのは遠い過去ではありません。少数の大富豪のためのプライベートバンカーというのではなく、ある一定程度の富裕層を対象とするプライベートバンカーが日本では求められています。それはどのようなプライベートバンカーでしょうか。

　そもそも日本には欧州のような王侯貴族は存在していません（天皇家や宮家は存在する）。フォーブスに掲載されるような億万長者も日本人は少なくなっています。そもそも相続税制の違いもあり、個人としての資産を未来永劫100％継承することは難しいという現実があります。また、資産のほとんどが金融資産ではなく土地や事業のような非金融資産です。

　そうした富裕層にとって、財産を子孫に引き継ぐことは重要なテーマです。しかし、「子孫がお金に困る状態にはしたくないが、それは遊んで暮らせるようにすることではない」「一人前の社会人となってほしい」と考える富裕層が多く見受けられます。つまり、才能がないのであれば無理やり後継者にすることはない、残した財産はセーフティネットとして確実に利用してほしいという思いの方が多いのです。富裕層との対話を通して、子供の個性を生かすために、自分とは異なる能力を冷静に判断されているのだと感じました。

　では、当の本人である富裕層の人生はどのように考えたらよいでしょうか。また、このような日本的な富裕層の現状を把握したうえで、どのような知見が必要であり、どのようにアプローチすれば信頼を得られるのでしょうか。それが本書のテーマです。

　ところで、所属する組織は大きくなるとそれぞれの役割分担ができ、その役割を外れた行為をすれば越権行為となります。組織の中の自分の役割を徹底することが求められます。しかし、ことを成し遂げようとすればそのことだけの分野の知識では限界があり、周辺知識も含めた複層的な知識が必要となります。さらに、「知識」が豊富なだけではなく、「知識」を「知恵」に変

えられる力とそれを「実行する」こと、さらには「成果」となるまで粘り強く仮説検証を繰り返すことが必要です。仕事ができる人とは「知識」を「知恵」に、さらには「実績（売上）」に変えられる人のことです。

具体的には、「それは知っています」「それは学びました」ではなく、「ある顧客にはその知識でこう対応したらこうなりました」という検証結果を冷静に判断しながら戦略的に自分を成長させられる人です。そのような人を育成したいという想いが出発点でした。そのためには何よりも現状に満足することなく、冷静に自己を分析し、将来どのような自分になるかイメージすることが大切です。それは自分自身のブランディングをどう作り上げるかということにつながり、あなたは顧客にどのように対応してもらいたいかというメッセージを伝えることになります。

また、プライベートバンカーが学ぶべき分野は投資分野、税務分野、不動産分野など多岐にわたり、学ぶべき知識も税制などは毎年のように変わります。毎年のように新しい金融商品が開発され、金融の専門家はそれらを常にフォローアップしながら顧客の立場でどのような知恵を出せるか考え続けなければなりません。金融が好きでなければ知識吸収の努力が続かないのがプライベートバンカーなのです。講義のなかで「金融のことが好きでない人はこの分野の仕事をやめてください。お客様にとって迷惑です」と、厳しいことをいう理由はここにあります。顧客の立場から考えても中途半端な知識と意欲しかない専門家ほど困ったものはありません。金融は専門的知識のかたまりでありその量も種類も多いことから、顧客と専門家との間の情報格差は著しいものがあります。したがって、金融の専門化には顧客に対して忠実にかつ真摯に対応し、さらには信任（フィデュシャリー）が求められています。

このような考えのもと、コアとなる講師としてそれぞれの分野のエキスパートでありファイナンシャルプランナーの理想像の共通認識を持った、千葉商科大学大学院教授の伊藤宏一先生と客員教授の柴原一先生、本学客員教授の有田敬三先生に講義を分担していただきました。それぞれFP業務や税理

士業務を現役で行っている実務家です。本書ではそれぞれ分担して執筆しました。すべての講義の議事録ではありませんが、日本の富裕層へのアプローチというテーマで本書はまとめられています。日本の富裕層が金融の専門家のアドバイスを得て幸せな人生をおくれることを心から願っています。

最後に、本書の企画から出版までお世話になった株式会社同友館取締役出版部長の鈴木良二さん、錦見裕哉さんには、この場を借りて感謝いたします。

2011年8月

二条研究室にて

三 好 秀 和

目次

第1章
富裕層へのアプローチ
～コーチング、行動ファイナンスとライフプランニング～

1 ライフデザインを土台にした富裕層アプローチ 2

1-1. 価値観共鳴アプローチの重要性
　　～米国におけるFPの役割の変化～ 3
1-2. ライフデザインコーチングの原理 7
1-3. 顧客の行動傾向を見抜く 10
1-4. 中立性を保つ 17
1-5. 共感と傾聴 19
1-6. 承　認 21
1-7. 質問の方法 25

2 ライフプランを基軸にした富裕層コンサルティングとクロージング 27

2-1. 行動ファイナンスとバイアス分析 27
2-2. ライフプランニング 40
2-3. ファイナンシャルプランニングとコア・サテライト戦略 47

3 ライフプランを活用したメンテナンス　53

3-1. ライフプランを活用した資産運用のメンテナンス　53
3-2. 資産運用アドバイスに求められる歴史観　56
3-3. 大震災後の運用環境変化と運用リスク　58
3-4. ブラックスワンは今後も起こる
　　　〜ベキ分布、正規分布、相転移〜　61
3-5. まとめ
　　　〜プライベートバンカーに必要なコンピテンシー〜　64

第2章

オーナー経営者へのアプローチとポイント

1 富裕層ビジネスの推進　68

1-1. 経営者の特徴　68
1-2. 顧客データの整理　〜㈱森沢産業の事例〜　69

2 事業承継の課題（後継者問題）　76

2-1. 事業承継の難しさ　76
2-2. 自社株という資産の意味　78
2-3. 事業承継と中小企業経営承継円滑化法　91
2-4. 遺言書を活用した事業承継対策　104
2-5. まとめ　114

3 経営実態を把握するポイント　*119*

3-1. 経営実態の把握　*119*

第3章
上場を目指す企業経営者へのアプローチとポイント

1 オーナーのタイプを把握する　*126*

2 非上場企業と上場企業の違い　*128*

2-1. 損益計算書から経営姿勢を確認する　*128*
2-2. 利益確保と利益成長　*131*
2-3. 上場後の経営　*133*

3 上場までの道程を確認する　*135*

3-1. 上場基準　*135*
3-2. 上場までの期間とオーナー経営者の年齢　*137*
3-3. レバレッジとVCの活用
　　〜VCと銀行からの資金調達の違い〜　*139*

4 上場株価の予想　*145*

4-1. 上場株価の計算の基礎知識　*145*
4-2. 上場株価の計算事例　*147*

5 VCの出資条件　*150*

6 金融機関に求められるプライベートバンカーとは　*156*

第4章
農家・地主へのアプローチとポイント

1 農家・地主へのアプローチ　*162*

1-1. 相続税の基礎知識　*162*
1-2. 農地の理解　*173*
1-3. 農地に関する相続税猶予制度　*178*

2 農地と宅地の税制 Q&A　*188*

第5章
病院経営者へのアプローチとポイント

1 医療法人理事長を理解する　196

1-1. 法規制による病院の位置づけ　196
1-2. 病院経営者に求められる視点　199
1-3. プライベートバンカーとしてのスタンス　201

2 病院の実態を理解する　202

2-1. 一般病院の収入状況　202
2-2. 病床数150床の病院の現状とその対応　204
2-3. 医業利益率が0％の病院への対応　209

3 アドバイスの基礎知識を学ぶ　211

3-1. 患者の視点から病院を理解する　211
3-2. 地域連携の円滑化についての視点　216
3-3. 入院患者を増やすための視点　222

4 外部環境を理解する
〜これからの病院経営のことを理事長と語ろう〜　228

4-1. 人が死を迎える場所　〜終末期医療のあり方〜　228
4-2. 高齢者マーケットの可能性　231
4-3. 終の棲家について考える　236
4-4. まとめ　237

第1章

富裕層顧客の特性とアプローチ法

富裕層へのアプローチ
〜コーチング、行動ファイナンスとライフプランニング〜

1 ライフデザインを土台にした富裕層アプローチ

　2008年9月のリーマンショック以降、米国では投資コンサルタントの姿勢が大きく変わった。以前はマーケットが好調でリターンもよく、投資中心で商品を売る投資アドバイザーが活躍していた。

　しかし、状況はがらりと変わり、そうしたビジネスは一気に困難になった。それに替わって、本来の包括的アプローチとして、顧客の気持ちに丁寧に応じ、金融、証券、保険、相続などさまざまな相談に応じることのできる、ファイナンシャルプランナーなどのトータルアドバイザーが評価を高めている。そうしたなかで、ライフプランやコーチングを活用した富裕層アプローチが、金融商品の販売で大きな成果を上げているという。また、一般にパーソナルファイナンスの分野における行動ファイナンスの活用も重視されている。

　米国での変化は、実は日本でも起こっているといえよう。それは、金融業においてではなく、富裕層の心理においてである。プライベートバンカーなどの中の優秀なセールスパーソンは、いち早くそのことに気づき、戦略的な、適切な対応で成果を上げている。本論ではこうした動向を受けて、コーチングと行動ファイナンス、そしてライフプランニングを包括的に取り入れたコンサルティング手法の提案を試みたい。

1-1. 価値観共鳴アプローチの重要性
～米国における FP の役割の変化～

　ファーストアプローチの際、何を話題にするかで顧客が抱くあなたの印象が変わってくる。顧客とあなたが同じ価値観で話せる話題を提示できれば、おそらく、顧客は銀行員という枠を超えた価値をあなたに見出すはずである。

（1）非ファイナンス的テーマへの対応

　図表1-1は米国の FPA（The Financial Planning Association）と CFP ボード（Certified Financial Planner Board）のメーリングリストにある3万8,800名の FP へのアンケート調査の分析結果である。これを見ると、FP の役割が、ファイナンス的テーマと並んで非ファイナンス的テーマへの対応を重視する方向に変化していることがわかる。
　また、コーチングの重要性も指摘されている。コーチングとは、後ほど詳しくふれるが、適切な質問をすることによって、顧客自身が自分で解決でき

図表 1-1　FP の変化する役割

◆顧客との相談の25％が非ファイナンス的テーマに注がれている。そして74％の FP が非ファイナンス的テーマに費やす時間が、過去5年間増大しているとしている。
◆返答者の大半が非ファイナンス的コーチングやライフプランニングが彼らをよりよいプランナーにし、顧客をサポートしていると考えている。
◆FP は、人間ドラマや人間の弱点を反映した次のような非ファイナンス的テーマをサポートしている―宗教と精神性、死、家族機能の解体、病気、離婚、不況。

出所：ドヴォフスキー「FP の変化する役割パート1　ファイナンス分析からコーチングとライフプランニングへ」『米国版 FP ジャーナル』2009年8月号

るように考えさせることである。

[考えてみよう]

> 日本でも今後、従来の営業スタイルに替わって、コーチングが金融商品を販売するうえで有効なアプローチ方法になると考えられる。それはなぜだろう。

金融商品の営業におけるコーチングの有効性
　金融商品取引法の強化や金融 ADR の実施など、消費者保護の観点から規制が厳しくなっている。そのようななか、一方的に話し説得する営業スタイルは通用しなくなり、適法ではなくなるだろう。その点、コーチングのように、顧客が自発的に話をし、自分の問題解決のために自ら商品を決定するようなコミュニケーションをとる営業スタイルであれば、適合性にかなう。そこでどうやって顧客の本音やニーズを引き出すのかが非常に重要になる。

（2）効果的なファーストコンタクト

潜在的なニーズを顕在化させる
　顧客とのファーストコンタクトでは、非ファイナンス的なテーマから入り、「彼は私の話をよく聴いてくれる」といった状況をつくるとよい。「柔よく剛を制す」という言葉があるが、こちらから金融商品の話をすぐに持ち出すのではなく、顧客が悩んでいる非ファイナンス的なテーマを通して、顧客が「こういうことが必要だ」と、自然に自ら気づくようにする。つまり、潜在的なニーズを顕在化させるようにアプローチすることが非常に効率的であり、顧客の気持ちにも添うことになる。

顧客がFPに求めるもの

図表1-2は、『ウォール・ストリート・ジャーナル』が2009年にFPを対象に行った調査の結果である。これによると、顧客がFPに求めるものとして、「資産を最大化してくれること」は含まれず、自分の気持ちを聞いてほしいといった主観的項目が重視されている。つまり、FPに相談をする人は、自分を理解してくれ、自分のために尽くしてくれることを望んでいるのである。

図表 1-2　米国人がFPに求めるものトップ4

第1位「顧客の利益を最優先して実務に取り組んでいること」　96.1%
第2位「顧客のファイナンス状況と目標を理解してくれること」　86.3%
第3位「顧客が必要とするときに速やかに対応してくれること」　69.5%
第4位「顧客の考えを聞き、検討してくれること」　66.0%

出所：『ウォール・ストリート・ジャーナル』2009年調査

顧客を理解し共感するところからスタートする

以上のことから、ファーストアプローチでは、趣味やその地域の話題など、顧客にとって身近なことから話を始めるとよい。ある顧客の自宅を訪問した際、まずは応接間をぐるりと見渡すとよい。そこに飾られているものは、人に見せたいものであり、自分の表現したい価値観がこめられたものである。「自分がこの商品を売りたい」といった気持ちが先立っているときは、顧客の利益を最優先してくれる相手には見えない。まず、顧客を理解し共感するところからスタートすることが大切であろう。

Short Story　プライベートバンカーのファーストアプローチ①

プライベートバンカーの早瀬敏夫は、新規の顧客を開拓するため、ある中小企業を訪れた。受付で社長と約束していることを告げると、すぐに社長室へ案内された。入室すると、正面の棚に並べられたゴルフのトロフィーや盾

が目に入った。その上の棚にはゴルフの本も並んでいる。「相当、お好きなんだな。今日はゴルフの話で終わるかもしれない」。そう思うと、ゴルフ好きの早瀬は楽しくなってきた。
「はじめまして、大手銀行の早瀬と申します」
「これはどうも、森沢です。おや、この手、この顔、ゴルフ焼けですね」
　先を越されてしまった……。早瀬の予想どおり、この日の話はゴルフの話題がほとんどだった。大きな成果だと、早瀬は満足した。

〈コラム　パーソナルブランドの確立〉

　銀行員のあなたが訪問すれば、顧客は当然、用件は貸付やローンか運用の話だと思うだろう。顧客には他行との信頼関係もある。そんななかで顧客との最初のアポイントの際、商品の話をすることができるであろうか。おそらくそれは難しい。では、話を聞いていただくために顧客をどういう状態にしなければならないのであろうか。そこで、趣味の話が生きてくるのである。趣味とは自分がわざわざお金を払ってまでして行うものであり、ずっと続けていきたいと思うものでもある。

　仮に、顧客とのリレーションを深めるためゴルフを始めたとしよう。あなたは多少のゴルフの話はできるだろうが、スコアの良し悪しといったレベルでは顧客に価値を提供できるレベルではないであろう。ここで求められるのは、いかに顧客に喜ばれる付加価値のある情報を提供できるかである。

　例えば、今をときめくスーパープレイヤーを間近に見ることができるイベントにお招きできないか。それはできないとしても、顧客があこがれるプレーヤーがどこでふだん練習しているのかを知り、そのゴルフ場に通うことで価値のある情報が得られることもある。

　あなたに会えば、好きなプロゴルファーの最新情報が聞ける。だからあなたと会うのが楽しみだ。

　顧客にそう思ってもらえたら、それがあなたのパーソナルブランドである。パーソナルブランドを確立するために、あなたが時間とお金をかけている趣味について、もう一歩踏み込んでみることも１つの方法だろう。

[チェックポイント]

1. あなたが顧客を訪問した際、案内された部屋を見渡し、顧客の趣味や嗜好を読み取ったうえで話題にするよう心がけてみよう。
2. あなたのパーソナルブランドは何ですか？ それをどのような方向に高めていきたいですか？ それらを紙に書いてみよう。まだ確立されていないという人は、どのようなパーソナルブランドを確立したいかを紙に書くと、パーソナルブランドの確立に役立つだろう。

1-2.ライフデザインコーチングの原理

　金融商品は、顧客の問題解決のツールである。まずは顧客の抱える問題の基本をライフデザインの観点から十分に聴き、問題解決の方向づけを自ら行うようにサポートすることから始める。
　なお、以下に述べるライフデザインコーチングの原理は、ビジネスコーチ株式会社代表取締役・細川馨氏のコーチング理論をFPと顧客の関係に応用するために、同氏の協力を得て共同で討議し作り上げたものである。

（1）ライフデザインコーチングの定義

　ライフデザインコーチングは次のように定義される。

【定　義】

> コンサルタントやプライベートバンカーが
> コンサルティングにおいて顧客と信頼関係をつくり、
> 顧客が自分の価値観＝ライフデザインとライフプランにそって
> 自発的に問題解決の方向づけをする行動を促す

「自発的に問題解決の方向づけをする行動を促す」ように質問することが大切である。あなたの質問は、尋問になっていないだろうか。顧客が自由に自分から話せるよう、話法や質問の仕方が重要になる（図表1-3）。

図表 1-3　通常のアプローチとライフデザインコーチングの違い

通常のアプローチ

　　　はじめに金融商品ありき　→　一方的な説得

ライフデザインコーチング

　　　はじめに顧客のライフデザインありき
　　　　　↓
　　　顧客の問題の展開
　　　　　↓
　　　解決方向を自発的に考えるようにする
　　　　　↓
　　　解決策として金融商品の選択へ

【ケーススタディ】

> コンサルタント　社長は、ゴルフが趣味のようですね。
> 社　長　そうなんだよ。君、わかるかね。
> コンサルタント　トロフィーやゴルフ雑誌がたくさんございますね。
> 社　長　そうそう。

> コンサルタント　最近は楽しまれていますか。
> 社　長　それがね、この不況でなかなかね。
> コンサルタント　将来も悠々自適でプレーできるといいですね。
> 社　長　そうなんだ。そのためにはどうやって先立つものをつくるかだ。
> コンサルタント　そうですね。社長はどうお考えですか。
> 社　長　やはり、資産運用が必要だろうな。相談に乗ってくれるかね。
> コンサルタント　かしこまりました。

　ライフデザインコーチングにおいては、適切な質問をしながら、顧客が話す「価値観の表現」を傾聴し、顧客の価値観を受容することが大事である。顧客と話をするときは正面から向かい合って座るのが一般的だが、コーチングではときとして顧客の横に座るということもある。このポジショニングにより、ある種の仲間意識を生み出し、双方向のコミュニケーションスキルとしての効果を高めることもある。

（2）ライフデザインコーチングの3原則

　ライフデザインコーチングには3つの原則がある。

【ライフデザインコーチングの3原則】

- ◆原則1　答えは顧客の中にある
- ◆原則2　顧客の味方になる
- ◆原則3　顧客の自発的な行動を促す

原則1　答えは顧客の中にある
　あらかじめ準備していた提案が、顧客の答えに一致しないことがよくある。顧客を多面体に見立てれば、1時間程度の面談では顧客の正面という一面しか理解できないはずである。まずは、先入観を持つことなく心をまっさらにして傾聴し、顧客の全体を理解しようとすることが重要である。そして顧客の中から答えを見出そうと努めることである。

原則2　顧客の味方になる
　自分が金融商品を販売したいという気持ちをいったん心にしまって、顧客の悩みを受けとめて、それをどうにか解決したいと親身になって聴くことが大切である。

原則3　顧客の自発的な行動を促す
　顧客が自ら解決に動こうとするように適切な質問をし、動機づけることである。

1-3.顧客の行動傾向を見抜く

　顧客の自発的行動を促すには、顧客の行動傾向をよく把握して、それに適合した質問をすることが大切である。そこで、ここからは、米国のコーチング理論を参考に、顧客との信頼関係をどのように構築していくかを考えていく。
　米国のコーチング理論によると、信頼関係の構築には、顧客の行動傾向に

合わせたコミュニケーションが効果的である。行動傾向には一般的に、現実派、社交派、理論派、友好派の４つのタイプがあり、それぞれの行動傾向に合ったアプローチをすることで、顧客の信頼を深めることができる。

行動傾向は下記に示すように、「自己主張レベル」と「感情表現レベル」を分類することによって見分けることができる。

（１）自己主張

自己主張レベルとは、自己主張の強さ、あるいは弱さの度合いのこと。①話す速さ、②話す内容、③声の大きさ、④手の動き、⑤姿勢、⑥目線から、相手を「自己主張型」か「非自己主張型」のどちらかに分類する。分類のポイントは図表1-4のとおり。

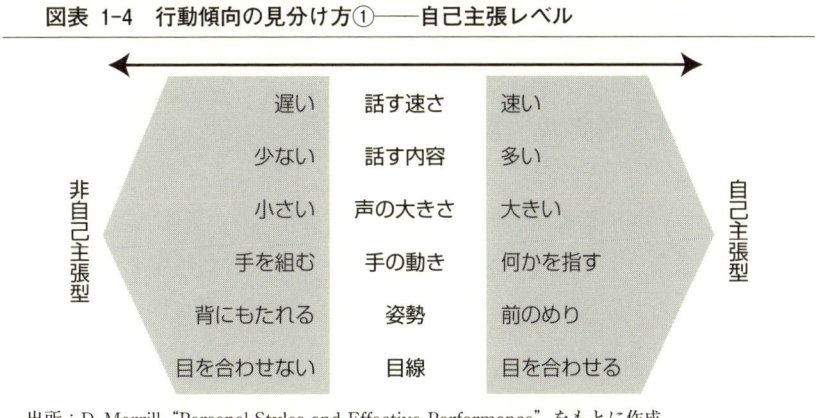

図表 1-4　行動傾向の見分け方①——自己主張レベル

出所：D. Merrill "Personal Styles and Effective Performance" をもとに作成

（２）感情表現

感情表現レベルとは、感情を表に出す傾向が強いか、あるいは弱いかの度

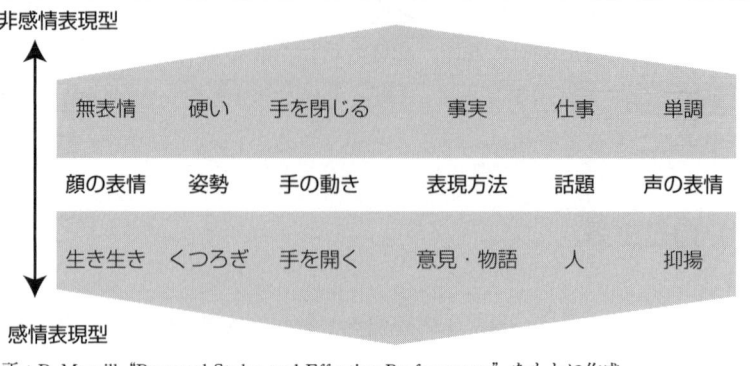

図表 1-5　行動傾向の見分け方②――感情表現レベル

出所：D. Merrill "Personal Styles and Effective Performance"をもとに作成

合いである。①顔の表情、②姿勢、③手の動き、④表現方法、⑤話題、⑥声の表情から、相手を「感情表現型」か「非感情型」のどちらかに分類する。分類のポイントは図表1-5のとおり。

（3）理論派・現実派・友好派・社交派

　自己主張レベルの横軸（図表1-4）と感情表現レベルの縦軸（図表1-5）を組み合わせることによって、図表1-6に示したように行動傾向を4つのタイプに分類できる。顧客の開拓をする際は、顧客の職業や地域性なども踏まえてアプローチするとよい。

　また、顧客だけでなく、自分がどのタイプに該当するかを自己分析する必要がある。仮に顧客と自分のタイプが異なる際は、「自分を変える」ことによって、意識的にアプローチすることが重要である。例えば、「現実派」の社長に対し、自分は「理論派」だからと理詰めで説明しても聞いてもらえないことがある。前述のとおり、相手の行動傾向に合わせたアプローチが、相手の信頼を深めていく。

第1章 富裕層へのアプローチ

図表 1-6　4つの行動傾向の特徴

```
                        定量的
                    非感情表現型

    「完璧に計画を立てたい」      「解決策を早く明確にしたい」
リスク  分析力がある、計画的。      行動派、決断力がある。       リスク
回避   事実・データ重視。         起業家タイプ、結果主義。      テイク
      正確性がある、合理性を追求。  人間関係より仕事優先。
 理論派 行動は慎重、几帳面、完璧主義者。現実派 自信家、鈍感、自説にこだわる。
      批判的、変化に弱い。        他人から指示されるのが大嫌い。
      〈エクセルを駆使するビジネスマン〉〈中小企業経営者・超大金持ち〉
非
自           ←                         →           自
己                                                   己
主   「無理のない解決をしたい」     「斬新なアイデアがほしい」  主
張   忠実、安定的、協調性がある。    直感的、意欲的、話好き、社交的。張
型 友好派 聞き上手、気配り上手、感情に敏感。社交派 アイデア豊富、創造力がある。型
     忍耐強い、対立をさける、温厚。  エネルギッシュ、感情的。
     いい人になりたがる、受動的。   新しいことを始めるのが得意。
     先延ばしする。              非現実的、あきっぽい。
     〈土地持ち・資産家〉         〈お金にゆとりのあるご婦人〉

                    感情表現型
                      定性的
```

出所：パトリック・J・マッケナ、デビッド・H・マイスター著／伊豆原弓訳『初めてリーダーとなる人のコーチング』（日経BP社）のデータをもとに作成

Short Story　プライベートバンカーのファーストアプローチ②

　早瀬敏夫はこの日、水口病院の水口理事長を訪れていた。
「水口理事長のご趣味は盆栽ですか。私もいずれは、と思っています」
「関心があるのなら、若いうちに、今すぐにでも始めたほうがいいよ」
「今すぐに始めたほうがいいとおっしゃいますと？」
　早瀬は、そう繰り返し、関心を示す表情をした。それを見て水口理事長は、傍らの盆栽に目を移し、静かに話を続けた。
「盆栽の価値は希少価値と樹齢、枝ぶりなどで決まる。その中で樹齢だけは、高いお金を払えば別だが、時間をかけて育てるしかない」
　水口理事長は、盆栽の樹齢と価格の関係のほか、今から始めれば、育てながら価値を高めることを長く楽しめると説明した。早瀬はその話を聞きながら、水口理事長がどのタイプであるかも見分けていた。

[考えてみよう]

　あなたはどのタイプに該当するのか考えてみよう。次に苦手な顧客を思い浮かべ、それがどのタイプなのか、また、得意とする顧客はどのタイプか分類してみよう。この4分類にぴったり当てはまらない場合でも、主にどの分類が中心なのかで分析してみよう。図表1-6のセグメントのどの位置に当たるかを図にまとめ、偏りがないか確かめると顧客との関係づくりに役立つだろう。

（4）行動傾向別の効果的なコミュニケーション方法

　顧客の行動傾向を把握したら、次は効果的なコミュニケーション方法の検討を行う。図表1-7はその概要をまとめたものである。これをもとに、職業、年齢、性別、家族構成など、1人ひとりの特性を踏まえて、効果的なコミュニケーション方法を検討し、実践するとよい。参考までに、行動傾向ごとのコミュニケーションの事例を紹介する。

友好派
　50～60歳代で子どものいる友好派の場合、その子どもの意見もきくとよい。その年代特有の悩みや課題を共有し、「家族にも納得いく提案」をすると効果的である。
　また、友好派はいい人になりたがる傾向があり、購入する気のない商品を提案されてもはっきりと断らない傾向がある。さらに、結論を先延ばしする傾向もあるので、なかなかクロージングに結びつかないケースもよく見られる。友好派に対しては結論を急がず、3～5回とおつき合いを通じたうえで成果が生まれるケースもあろう。

図表 1-7　効果的なコミュニケーション方法

	定量的	
理論派（リスク回避）	・すぐに本題に入る。 ・礼儀をわきまえた話し方をする。 ・数学・データを適切に活用して理にかなっていることを強調する。 ・理論を尊重し、発展させる。 ・予想される変化をシミュレーションできるように手を貸す。	**現実派**（リスクテイク） ・相手が主導権を守れるようにする。 ・単刀直入に用件から切り出す。 ・一番重要視していることを聞き出す。 ・選択肢を説明して相手に自己決定させる。 ・一家言あることを前提とする。
友好派	・考えや感情を知ることに十分時間をかけ、十分承認する。 ・家族にも納得のいく提案であることを強調する。 ・リスクの少ない安定した提案であることを強調する。 ・相手の成功のために援助を惜しまない。 ・同様に不安を乗り越えた事例を示す。 ・丁寧にわかりやすく話すことに努める。	**社交派** ・最初に、自由に話をさせる。 ・金融に関する最新の話題を提供し、話をさせる。 ・優先度の高い項目に集中し、最初に要点の概略を示す。 ・新しい手法、新しい仕組みを強調する。 ・著名な人、権威のある人も賛同していることを示す。 ・趣味・旅行・ファッションのことについて話をさせる。
	定性的	

出所:『初めてリーダーとなる人のコーチング』（前掲書）のデータをもとに作成

社交派

社交派に対しては、まずは十分に気持ちよく話をしてもらい、あなたは聞く側に回る。50～60歳代のご婦人の場合は、テレビや雑誌などからトレンドを把握し、話題にすると関心を持つことが多い。また、話が散漫になりがちなので要点を最初に話すといいだろう。

現実派

現実派には中小企業の経営者が多い。話をする際は、だらだらと説明せず、結論を先に述べるとよい。特に注意してほしいのは、「円高ですが、輸出は堅調です。しかし、車は売れていません」といったように、「が」や「しかし」など否定が続いてわかりにくい話を嫌うということ。こうした話し方は避けるべきである。

（5）相手が嫌がるポイント

図表1-8は、行動傾向別に相手が嫌がるポイントをまとめたものである。これを見ると、あるタイプに特有の行動傾向（図表1-6参照）が別のタイプの嫌がるポイントになっていたり、あるタイプに効果的なコミュニケーション方法（図表1-7参照）が別のタイプの嫌がるポイントになっていたりする。

[考えてみよう]

> 図表1-7と図表1-8をもとに、タイプの異なるあなたの顧客を5人挙げ、それぞれに最適な話題やコミュニケーション方法を検討・整理し、実践してみよう。

図表 1-8　相手が嫌がるポイント

定量的

理論派／リスク回避
- 無秩序、間違い、個人の努力が批判される。
- 馴れ馴れしく個人的な話題から入られる。
- 裏づけ、根拠を示せないおおまかな数字（表現）を使われる。
- 論理を否定される。
- 利点、長所のみを伝え、欠点、弱点を隠される。
- 資料を見ているときに話しかける。
- 自分の得意な分野だけを話す。

現実派／リスクテイク
- 非効率、優柔不断、利用される。
- 世間話、お天気話、趣味の話。
- 「無理」なことを「検討する」という表現で期待される。
- 答えを押し付けられたり、誘導される。
- 自信のない態度をとられる。
- 話が冗長で、結論が曖昧。
- 声が小さい。

友好派
- 鈍感、短気、急な変化。
- 不安を無視される。
- 賛同を合意と誤解される。
- 考えや気持ちを話す機会を与えられない。
- 早口でまくし立てる。
- 短期売買の話ばかりされる。
- ギラギラ儲け話をする。

社交派
- 繰り返し、複雑。
- 堅苦しい用件のみ話される。
- 自慢を無視される。
- 資料データの説明に終始される。
- 説明に終始して、相手に話す機会を与えられない。
- 選択肢を与えすぎて最良の選択肢を見せない。

定性的

出所：『初めてリーダーとなる人のコーチング』（前掲書）のデータをもとに作成

〈コラム　顧客に合わせて自分を変える〉

　顧客に認められたと感じた瞬間は、いつであろうか。リテールの営業現場では、顧客とさまざまなやりとりがあるが、営業担当者としての喜びは、実は商品クローズの瞬間だけではないはずだ。顧客にうまくアプローチでき、次のアポイントを取り付けたり、顧客が「購入前のサイン」を出してくれる瞬間がある。その瞬間はどのようなアプローチで顧客がどのタイプのときにそのように感じられたのであろうか。思い起こしてほしい。もちろん、失敗したときもだ。自分の行動特性を知って、顧客の行動傾向を推定する。このまま自分の行動傾向を変えずにアプローチを続けることは、自分と違う3/4の顧客層を取りこぼしていることになる。例えば、100人の顧客リストがあるとしても、コアな顧客は20名から30名となる。転勤を繰り返しても、営業基盤が4分の1しか増えないのは自分を変えられないことに原因がある。戦略の第一歩は、自分を変えることである。顧客タイプ別に、まずは営業担当の自分が変わり、顧客に合わせたアプローチをし、顧客がどう変わったか観察し、体験するとよい。

1-4. 中立性を保つ

　プライベートバンカーやコンサルタントが顧客の信頼を得るためには、中立性を保つことが重要である。

【中立を保つための心がけ】

◆意識的に中立的な立場をとる
◆先入観を持たない
◆顧客を客観視する

(1) 意識的に中立的な立場をとる

例えば、医師は、内心慌ただしく苛立っていても、患者に対して冷静に対応し、診断する。そして患者の症状をじっくり聴き、あえて医学的な説明はしない。名医にかかると患者によっては症状を聴いてくれたというだけで気持ちが楽になり、痛みが軽減したと感じる。顧客にとって、金融の専門用語は医学用語と同じようにわからないものである。心の中で金融商品を販売するという利害関係から離れ、中立的なプロとして顧客に接する姿勢をとり、顧客を冷静に受けとめることが大切である。

(2) 先入観を持たない

先入観を持って顧客に接してはいけない。この人はこういう人だと決めてしまうと、その認識が惰性となる。常に「今日はじめてお会いする」「このお客様のことで私が知らないことがたくさんある」という意識で接し、ビジネスや家族で新しく生じた問題など、前回と違った点を見つけるように努力する。

(3) 顧客を客観視する

顧客を客観視する一方、自分も顧客から見られていると意識することが重要である。世阿弥の言葉に「離見の見、我見の見」という節がある。「離見の見」とは、自分の中に他者の視線を持ちながら能を舞うこと。一方、「我見の見」とは、自分の気持ちだけで舞うことである。セールスパーソンとして「我見の見」ではよくない。自分の発言に対して顧客がどのような表情や仕草で反応し話すかを客観的によく見きわめることが大切だ。

1-5. 共感と傾聴

(1) 共　感

共感と同情は異なる
　共感することにより、顧客は安心し、行動する。ここで注意したいのが、共感と同情は異なることである。共感とは、悩み、苦しみ、泣いている人に同情して一緒に泣いてあげることではない。感情に流されず中立を保つ意識が必要である。
　例えば、30歳代のセールスパーソンが一人暮らしの60歳の方に接する場合、その心境を理解するのは難しい。同情されても問題は解決しない。共感できるようにその人に関心を持ち、なぜそのような心境になるのか、その原因を冷静によく理解しようとする姿勢が求められる。

ペーシング
　共感をつくり出す手法として、ペーシングが有効とされている。相手の話すテンポや声の大きさ、身振り手振りなどの動きに合わせることで、共感がつくり出せる。例えば、顧客が「ワインが好きです」といった場合、「ワインが好きなのですね」と同じ言葉を繰り返す。ゆっくり話すご婦人には、ゆっくりと話しかけ、大声の社長さんには、はっきりと返答するとよい。

(2) 傾　聴

　信頼を得るためには、相手に真剣な姿勢で接することが大切である。コーチングにおける傾聴は、そうした印象を相手に与え、相手を理解するスキル

である。

【傾聴するための3か条】

◆第1条　話は最後まで聴く
◆第2条　顧客の考えを否定しない
◆第3条　「何を言っているのか」に集中する

　第1条と第2条は、「私は、あなたの話すことを真剣に聴き、何でも受け止めます」という姿勢を相手に示すものである。顧客は自由に話をすることができるので、自らの考えが明確になってくる。たとえ、自慢話で嫌な感じがしたとしても、話を遮ったり否定したりせず、「聴いてほしいと望んでいる」と思い、顧客の価値観や関心あるテーマをよく理解しようという気持ちで、顧客が満足のいくまで聴くことが求められる。
　第3条では、顧客の話が本心なのか形式的なものかを身振りやしぐさなどから観察する。語尾がはっきりしない話し方をする人に対しては、「～ですね」と確認する。

傾聴するためのスキル
　傾聴を効果的に行うスキルとして、①うなずき、②アイコンタクト、③相槌などがある。うなずきには、「はい」「なるほど」「そうですね」などさまざまな言い方がある。その言葉と言い方で受け取られ方が異なってくる。上手に使えば簡易かつ効果的なスキルだが、演技過大になるとわざとらしくなるので注意する。アイコンタクトは、特に重要な話の際に顧客と目を合わせ、確認し合うとよい。また、相手が同意を求めているときなどは、決して目をそらせてはいけない。

1-6. 承　認

　承認するとは、傾聴の結果、「顧客の存在、価値観を認める」ことである。顧客側から考えれば、「自分のことを心底わかってもらった」と感じることである。その方法として、「顧客を誉めるメッセージを伝える」というものがある。例えば、老後のライフプランについて話し終えた後、顧客が現実派の人であれば、「私はすばらしいと感じました」と率直に伝えるのも効果的である。実は、大人にも誉められたいという意識がある。

（1）承認する際の注意点

　ただし、タイプによってその表現は異なる。人によっては大げさだと思うこともあるので、「なるほど」といった程度にとどめる場合もある。下記の4つに注意するとよい。

【承認する際の4つの注意点】

◆とってつけたように承認しない
◆結果を目的にして承認しない
◆抽象的な言葉で承認しない
◆他人と比較する言葉は使わない

とってつけたように承認しない
　昨今、サービス業を中心に接客マニュアルが使用されているが、マニュアルどおりの話し方で丁寧なのに気持ちが入っていないということもある。そ

うならないように注意する。

結果を目的にして承認しない
　例えば、「公的年金の受給低下とインフレの可能性があるので、資産運用が必要になると思う」と、顧客が考えるようになるために、それをいかにも誘導するような意識や質問が見えると、顧客は操作されているように感じる場合がある。

抽象的な言葉で承認しない
　例えば、老後の海外旅行を楽しみにしている顧客に対して、その場所や近くにある美術館など、具体的な名前を挙げて話すと、顧客は承認されているとより深く感じる。

他人と比較する言葉は使わない
　承認の際、お客のことだけを本当に認めていると感じてもらうためには、他人の話題を出すことは不適切。率直に承認するのがよい。

（2）高齢者への誉め言葉

　顧客のなかには、老いに引け目を感じる人もいる。その人に「そんなことないですよ」と安易にいうのは、コーチングでは「とってつけたように承認しない」と「抽象的な言葉で承認しない」を無視することになる。だが、最近のジェントロジーによると、高齢になっても体力や知力を保っていられるという。こうした根拠を示せれば、それは顧客を誉めるメッセージとなる。

〈コラム　ジェントロジー〉

　ジェントロジーとは、「老年学」のことであり、米国で発達した学問だが、最近はわが国でも研究が進んでいる。老いとは、ともすると身体的・精神的能力が全般に低下するといった偏見があるが、最近の研究から、訓練によって体力や知力は磨かれることがわかってきた。むしろ、知恵などはますます発達し、経験から含蓄のある言葉を発することができるのである。高齢者層をターゲットにするセールスパーソンは、こうした学問を学び、高齢者に対する偏見を克服し、尊厳ある存在として接することも大いに大切である。

Short Story　介護施設長が見た高齢者の実態

　土曜の夜、夕食を終えた早瀬敏夫は家族とテレビを観ながら団らんのときを過ごしていた。テレビには、ホスト役の若い女性アナウンサーとゲストの芸能人数名が商店街を歩き、住民と触れ合う姿が映し出されていた。
「おじ〜ちゃ〜ん、おば〜ちゃ〜ん、こんにちは〜」
　女性アナウンサーがそれまでとは違う声色と態度で、杖をついて歩く老夫婦に声をかけた。老夫婦は笑顔で応え、和気あいあいとしたシーンが15秒ほど続いた。早瀬の妻はそれを微笑ましい光景として観ているようだが、早瀬は複雑な思いでいた。年長者をまるで子ども扱いではないか──。
　早瀬は学生時代、教職課程の単位を取得するために介護マンションでのボランティアに参加したことがある。その際、マンションを管理する施設長から施設の概要と注意事項を説明された。
「この施設には、皆さんの助けを必要とする方はおりません。では、なぜ、皆さんに来ていただいたかというと、高齢者とはどのような方々であるかを知ってもらうためです。ここにお住まいの方々は、若い人たちの勉強になるなら、と皆さんを受け入れてくださいました。ここの方々が、皆さんのためにボランティアでプライベートの一部を公開していると思ってください」
　40代半ばくらいの施設長が開口一番に口にした言葉に、早瀬も他の参加者も唖然としてしまった。施設長は、気分を害したなら今のうちにお帰りくださいといい、しばらく黙っていた。
「よかった。誰も帰りませんね。介護の勉強をしている人の中には、せっかく手伝いに来たのに失礼だ、と怒って帰ってしまう人もいるんです。でも、

それこそ失礼だと思ってください。ただし、ここにお住まいの方々は、体力が衰えている方、杖をついている方、車椅子の方もいます。仮にその方が困っているようなら、お手伝いをしてあげてください。こうした施設に限らず、駅や路上でも困っている方がいたら手助けするのは当然のことですから。もっとも、ここの方々は助けてほしいとはいいません。そうした場面に遭遇したら、『お手伝いしましょうか』と積極的に声をかけてください。その際、『おじいちゃん』とか『おばあちゃん』とはいわないように。ここの方々には名前があります。皆さんだって『坊や』『お嬢ちゃん』と馴れ馴れしくされたら、気分を悪くしますよね」
　確かにそうだと早瀬は思った。他の出席者たちもうなずいている。施設長は、今日はいい人たちに来ていただきました、と満面の笑みを浮かべた。
「ここにお住まいの方々は、社会の第一線で活躍された人たちばかりです。人格的にも優れた方が多いので、失礼があったとしても、いやな顔をせずに丁寧に応対してくれると思います。だからといって、喜んでいるとは思わないでください。それと、何かをお願いされたら、すぐにそれをして差し上げてください。『急がないからいつでもいいよ』といわれてもです。それは社交辞令のようなもので、意外なことかもしれませんが、お年を召すと、待つことや我慢をすることがとても辛い作業になってしまいます。お年寄りがお願いをするときは、すぐにそうしてほしいときだと思ってください。そうでないと、表情は穏やかでも、ストレスになってしまいます」
　早瀬は、ボランティアを通して、施設長の言葉の意味を実感した。確かに、ゆっくりと大きな声でないと話を聞き取れない人、入れ歯のせいか聞き取りにくい返事をする人もいたが、話の内容はしっかりしていた。人生の大先輩に教えを請う態度で接すれば、大学生の早瀬にとって勉強になる話も多く聞くことができた。こうした経験は、教師にならず、銀行に就職しても役立っていると早瀬は思っている。
「テレビカメラを向けられてたら、嫌な顔はできないよな」
　早瀬は、複雑な思いでそうつぶやいた。

1-7. 質問の方法

（1）オープン質問とクローズ質問

　質問には、オープン質問とクローズ質問の2種類がある。クローズ質問とは、YESやNOではっきりと答えができる質問、金額や年齢など量的にはっきりと答えることができる質問である。一方、オープン質問は、クローズ質問のように数字などではっきりとした答えを出さず、自由に話を展開できる質問のことである。
　例えば、リタイアメントプランで退職時期や退職金の額をきくのはクローズ質問である。一方、老後の夢、子どもへの思いなど、顧客が物語を展開するかのように話したくなるのがオープン質問である。老後の夢や子どもへの思いを実現するために、また、よりよいものにするために何が必要かを気づかせ、行動を促す質問でもある。

（2）オープン質問から入る

　顧客にアプローチする際はまず、オープン質問から入るとよい。十分に自由に話していただければ、後から自然と「クローズ質問」にも答えてくれるようになる。具体的には、どういう希望や目標、不安や悩みを抱えているのか質問する。「クローズ質問」が先となると、「質問」が「尋問」となってしまうので注意する。

〈コラム　岡倉天心〉

　富裕層にアプローチする際に、趣味の話題が有効であるが、なかには茶の湯を嗜む方もいるのではないか。ここでは茶道家である岡倉天心を紹介する。

　天心の代表作の1つに『茶の本』があり、原文は「Book of tea」というタイトルで、英文で書かれている。内容は日本文化を紹介したもので、海外からも高い評価を受けた。また、岡倉天心は明治時代、国内では西洋化の流れが進むなか、もう一度日本文化を省みようという稀有な存在の1人でもあった。

　そこでは、茶道とは「日常生活のむさくるしい諸事実の中にある美を崇拝する」とし、西洋美術が「美術館の中にあるもの」として対比させている。

　そもそも、お茶は中国に由来し、宋の時代、抹茶が飲まれるようになる。その後、13世紀の蒙古襲来で元の時代を迎え、宋の文化は破壊される。

　一方で、抹茶は日本へ伝来し、「茶道」へと高められた。中国で生まれた抹茶が、その点て方が中国では伝承されていないとは何とも妙である。

　ところで、天心はインドへも何度も行き、名門タゴール家とも親交を結んだ。実は、この交流が今日に至る日印友好関係の基礎を築いた。中国、インドという新興国を話題にするとき、天心のことは記憶にとどめておくべきエピソードだといえよう。

2 ライフプランを基軸にした富裕層コンサルティングとクロージング

　ライフプランの作成とその目標に達するためのコンサルティングを担うことで、顧客との長いつき合いが可能になる。そうなると、顧客とのより深い人間関係ができ、また、いずれ相続相談を受けるようになり、さらにその相続人を新たな顧客として持つことも可能となるだろう。このような関係を構築できるのは、顧客から選ばれた者だけである。プライベートバンカーは、そのための戦略を持って顧客と向かい合っている。

2-1. 行動ファイナンスとバイアス分析

　行動ファイナンスは、投資や貯蓄、借入や保険加入などのパーソナルファイナンスに関する顧客の意思決定について、認知上の誤りや感情上のバイアスを明らかにし、顧客にとって望ましい意思決定を可能とするためのアドバイスにきわめて役立つ。
　この行動ファイナンスをファイナンシャルプランニングに取り入れた概念が図表1-9である。ファイナンシャルプランは理想の成果を目標にしてプランニングされるものの、それを実行してみると目標に達することができないことがよくある。行動ファイナンスは、その主な要因を人間のバイアスにあ

図表 1-9 行動ファイナンスを取り入れたアドバイス

アドバイスなし

顧客が目指すべきファイナンス上の目標	＋	顧客の行動ファイナンス上のバイアス	⇨	不十分ないしマイナスの現実的成果

アドバイスあり

顧客が目指すべきファイナンス上の目標	＋	顧客の行動ファイナンス上のバイアス	＋	アドバイザーによるバイアスの克服	⇨	ファイナンス上の目標の現実的達成

るとし、このバイアスの克服を大きな課題の1つとしている。

人間のバイアスは大きく分けて、認知の誤りと本能的感情の2種類がある。

認知の誤り

脳と論理的思考力に由来し、知識の欠如、認知・記憶の不確かさなどから生じる。日本の学校では金融教育が不十分であり、一般的に顧客の金融知識は十分ではない。例えば、毎日の生活費は十分あり、将来の金融資産をふやしたいのに、毎月分配型の投資信託を購入することは、収益の複利効果を認識せず、目の前の利益にとらわれることによるものである。

本能的感情

怒り・空腹・恐怖心・圧力などであり、人間を短絡的な行動に駆り立て、思考力を低下させる。短期的には満足をもたらすが、長期的には不満につながる。

認知の誤りや本能的感情によりファイナンス上の意思決定に負の傾向が与えられる。この傾向（バイアス）は、大きくはタイプ別の行動傾向として表れ、個別的には個人に特有の行動傾向として表れる。バイアス分析は、こうした行動傾向を把握し、投資の失敗を防ぐために行うものである。

アドバイザーがコンサルティングに際して念頭に置くべき主要なバイアスには、以下のようなものがある。

（1）自信過剰

本能的感情によって生じるバイアスである。例えば、株式投資を行う際、自分は他の人よりうまく銘柄選択ができ、うまいタイミングで売買できる、と思う傾向がある。これは自信過剰の1つである。特に男性、インターネット取引で多く観察されている。

自信過剰に似たものとして、人々が自分の能力や予測力に対して過度に楽観的に見積もる傾向があることも指摘されている。例えば、90％以上の人々は運転する際、自分は事故には遭わないと考えている、というデータがある。また、今後30年以内に東海、東南海、南海の大地震が起こる確率は、人が交通事故に遭う確率よりも高いのだが、そう考えてリスクマネジメントしている人は案外少ない。つまり、自分に都合の悪いものは確率が高くても信じず、自分に都合のよいものは確率が低くても信じるのも、自信過剰の一例である。

（2）損失回避的傾向

人の損益に関する態度には、同じ程度の利益より損失のほうを重く感じ、できるだけ損失を回避したいとする傾向がある。つまり、得をしたときの喜びよりも、損をしたときの痛みのほうが大きく感じる。また、人は利益が出たときは、これ以上のリスクをとらず、その利益で満足しようとし、逆に損失が出たときはリスクをとってでもその損失を減らそうとする。これを損失回避的傾向という。

損失回避的傾向は、プロスペクト理論によって明らかにされた。図表1-10を見てもらいたい。横軸の右側へ利益が増大しても満足度は比例して増大せ

図表 1-10　株価変動に対する人の心理

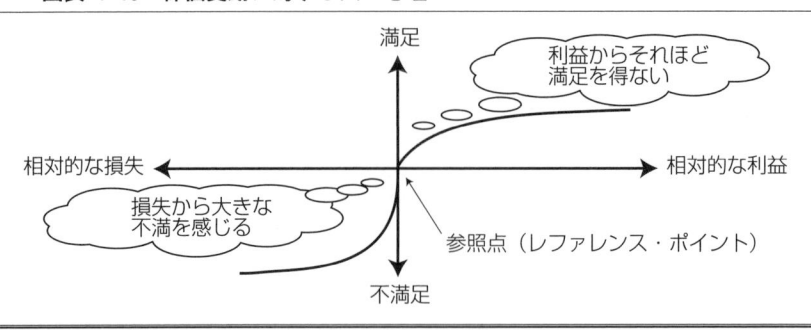

　　　　　　　　　　満足
　　　　　　　　　　　　　　　利益からそれほど
　　　　　　　　　　　　　　　満足を得ない

相対的な損失 ←──────────┼──────────→ 相対的な利益
　　　　損失から大きな
　　　　不満を感じる
　　　　　　　　　　　　　　参照点（レファレンス・ポイント）

　　　　　　　　　　不満足

ず、低減していく。他方、横軸の左側へ損失が拡大して行くにつれて、不満足度は急激に増大していく。

　ここで注意したいのは、原点となるレファレンス・ポイントである。9,000円の基準価額で投資信託Aを購入した場合、それが1万円になる満足感よりも、8,500円になる不満足感のほうが大きいというケースがあるとしよう。この場合のレファレンス・ポイントは9,000円である。ところが、同じ人が1万2,000円の投資信託Bを別に購入したとしよう。そして、Bは過去上昇率が高いので、1万6,000円を目指して運用したとする。その結果、一時は1万5,000円にまで上昇したが、その後、1万1,500円まで下落してしまった。この場合、投資家は上昇した際の1万5,000円にも、ましてや下落した1万1,500円にも不満足である。なぜなら、レファレンス・ポイントが1万6,000円になっているからだ。

　このように、レファレンス・ポイントは主観的であり、変化することに注意したい。

　以上のような傾向から生じる損失を回避し、顧客の資産を守るのも、プライベートバンカーの役割である。

(3) フレーミング効果

　同じ情報であっても、選択肢の表現の仕方によって、受けとり方や実際の選択が左右されてしまうのがフレーミング効果である。
　例えば、消費者金融から10万円を借りるとする。手元には消費者金融のA社とB社の資料があり、それぞれ利息に関して次のように書かれていた。
　　A社　「10万円借りて1ヵ月で利息はわずか1,500円です」
　　B社　「10万円、1ヵ月お貸しします。利息は18%です」
　どちらも同じことを言い表しているのだが、A社は10万円に対して1,500円を対比させており、多くの人は安いと感じる。他方、B社は、18%という表現によって、預金金利が1%未満であることを連想させ、多くの人に高いと感じさせてしまう。

〈コラム　フレーミングの戦略的設定〉

　サーカスの象の例えをご存知だろうか。サーカスの象はとても小さい鎖につながれている。もちろん、象の力からすれば、鎖を引きちぎり逃げ出すこともできると思う。しかし、なぜ象は逃げないのであろうか。
　それはきわめて単純で、子どものときからその小さな鎖につながれており、子どもの頃はいくら引っ張っても逃げ出すことができなかったから、その記憶が大きく成長しても残っていて、鎖を引きちぎろうとは思わないのである。つまり、自分で勝手にできない「壁」をつくってしまっているのである。
　振り返って、自分たちも日々こうした壁をつくっていないであろうか。あなたはどのようなフレーミングを顧客に与えているだろうか、どのようなフレーミングで商品提示しているのだろうか。フレーミングを戦略的に設定することで顧客は変化しないだろうか。

Short Story　プライベートバンカーの苦い思い出

　早瀬敏夫が支店勤務をしていた頃のこと。当時、新規に獲得した顧客が早瀬を訪ねてきた。
「早瀬さん。いい商品を見つけたよ。ぜひ、買いたいんだ」
　そう切り出すと、顧客はにこやかに商品名を告げ、購入する理由を話し始めた。その説明は各種指数の詳細な分析で、情報収集力と分析力はかなり高いレベルであった。
　しかし……。早瀬は上機嫌な顧客に笑顔で相槌を打ちながらも、内心では「買わないでほしい」と思わずにいられなかった。顧客はやはり素人。詰めが甘い。分析に使用する情報も十分ではない。心の声が口から出るのを必死にこらえた。いえば、この顧客は気分を害するだろう。この顧客の目的は明らかに相談ではない。同意を求めている。だが、購入すれば損をする。そのリスクは顧客が負うが、その怒りは相槌を打った自分に向かってくる……。
　支店勤務時代の苦い体験である。早瀬はその後、ライフプランを活用して事前に顧客の目的に沿った商品を3つほどピックアップするようにしている。それを事例にコンサルティングをし、さりげなく商品をアピールすることで、あのときのようなトラブルの種を摘み取っている。

（4）メンタル・アカウンティング

　人々が金銭の取引をする際、さまざまな要因や選択肢を総合的に評価して合理的な決定を行うのではなく、狭い枠を心の中でつくり、その枠の中で決定を行う傾向がある。この傾向をメンタル・アカウンティング（心の家計簿）という。
　本来、30万円を得たのであれば、それが給料であってもギャンブルで儲けたお金であっても価値は同じであり、使途は変わらないはずである。しかし、多くの個人は、どのような形でそのお金を取得したかによって使途を変える傾向がある。例えば、同じ20万円を手にしても、競馬で得たものであれば散財し、給料として得たものであれば家計や貯蓄に回すというのが一般的であ

る。

なお、相続で得たお金は大切にしなければという意識が働きやすい。

（5）現状維持バイアス

人々には現状を維持しようとする傾向がある。これを現状維持バイアスという。パーソナルファイナンスにおける現状維持バイアスにはさまざまなケースが考えられる。

例えば、一度組んだアセット・アロケーションを経済状況が大きく変化したにもかかわらず組み替えない、デフレからインフレになったが、預金をずっと持ち続ける、高金利時に組んだ固定金利の住宅ローンを低金利になっても借り換えずに払い続ける、10年間ずっと資産価値が下落している土地を単純に保有し続ける、といったことである。

また、一度加入した保険を家族構成や職業に変化があったにもかかわらず、見直さずにいることも現状維持バイアスによるものといえる。

（6）所有バイアス

現状維持バイアスに関連して、人々には所有したものを手放したくないという所有バイアスがある。所有バイアスによって、次のような投資のミスをする危険が高いとの指摘がある。例えば、親から相続した土地をすべて保有し続ける、取引コストを避けようとするあまり資産を売買しない、といったことが挙げられる。

（7）選択のパラドックス

一般に、選択肢が増えれば増えるほど、人々はよりよい選択ができ、その

結果、満足度も上がるものと考えられている。しかし、実際は、選択肢が増えることで、選択をしなかったり、満足度が下がることがある。これが選択のパラドックスである。

　福利厚生会社の分厚いパンフレットにホテルや旅館がたくさん紹介されていると、そこから1つを選ぶことが嫌になる場合がある。これと同様に、会社に導入されている確定拠出年金制度で選択できる金融商品の数を20、30、40……と増やすと、かえって選ばなくなるというケースがある。

（8）現在・短期を過度に重視──双曲線割引

　目先の利益や欲望におぼれ、将来の利益より魅力的に見えるという傾向が人にはある。現在を過度に評価することを双曲線割引といい、現在と将来をバランスよく合理的に評価することを指数割引という。

　指数割引では、割引率が経過する時期にかかわらず一定であるのに対し、双曲線割引では、時間の経過とともに割引率が減少していく。双曲線割引の傾向があると、将来のための貯蓄や投資よりも現在の消費に走ったり、金利が最も低い変動金利型ローンに飛びついたり、目の前の分配金に誘惑されて毎月分配型ファンドをたくさん購入するといった行動に陥りやすくなる。

（9）曖昧性の回避（感情）

　確率のわからない現象を回避する傾向が曖昧性の回避である。エルスバーグの壺という例を見てみよう（図表1-11）。壺Aには黒球50個、赤球50個の玉（合計100個）が入っている。壺Bには黒球と赤球が合計で100個入っているが、その内訳はわからない。いずれか一方の壺を選び、黒球を引けば1万円をもらえるゲームをしたとき、人は曖昧性を嫌うため壺Aを選択する傾向がある。

図表 1-11　行動傾向に固有のバイアス

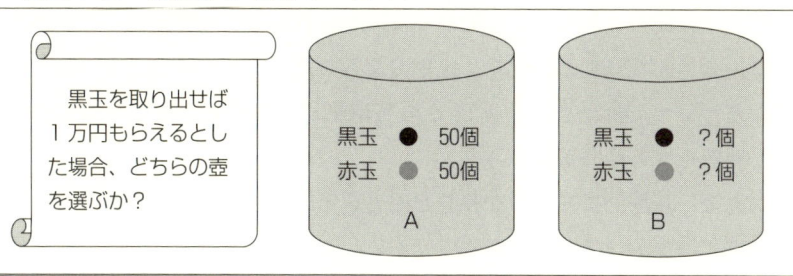

黒玉を取り出せば1万円もらえるとした場合、どちらの壺を選ぶか？

A：黒玉 50個／赤玉 50個
B：黒玉 ?個／赤玉 ?個

パーソナルファイナンスでは、次のような事例が挙げられる。
・情報を確実にとらえられない外国株式には投資せず、日本株式のみに投資する。
・活動期に入って地震が起こる可能性が高いとしても、実際にどこで起こるか曖昧なため、ついつい地震保険に入らないでいる。

【曖昧性の回避による投資のミス】

◆保守的な運用を行う。
◆自分にとってなじみの深い株価指数（日経225など）に関心が絞られる。
◆自社株を過度に保有する。
◆自信過剰と組み合わさることでリスクをとりすぎる。

（10）近道選び

人の判断には、手近で手軽な方法をとる近道選び（ヒューリスティック）を行う傾向があり、これによってファイナンスに関する合理的な判断を誤ることが指摘されている。近道選びには以下の3つがある。

代表性

　特定の特徴を重視することによって偏った判断を行う傾向のこと。本来ならば、全体的な分析をしたり、確率的な判断を行うべき場面でも、特定の特徴に基づいて判断したり、AはBの特徴をどれくらい代表しているかといった判断をする傾向がある。

　例えば、長期的に安定的な利益と配当を出し成長している電力会社を原子力発電所の事故リスクなどを考慮せずに、その利益や配当、成長のみに依拠して優良企業と思い込み、投資することなどが挙げられる。

利用可能性

　特定の状況を判断する際、何の合理的な根拠もなく関係する記憶をもとに意思決定する傾向のこと。思い浮かびやすい事象に対し確率を高く見積もり、思い出しにくい事象に対し確率を低く見積もる傾向が人にはある。

　人が思い浮かべやすい状況の特徴として、①その事象について知識を持っている、②以前ニュースなどでその事象について聞いたことがある、③その事象が個人的に関連を持つ、④比較的最近起こった事象である、といったものが挙げられる。

　例えば、自動車の運転で20年以上無事故である優良ドライバーは、1回事故を起こしたことをきっかけに、時間をおかずに再度事故を起こす傾向がある。これは、ドライバーにとって事故の記憶があまりにも強烈であったため、過去に安全運転をしてきた経験をすっかり忘れてしまったことが原因と考えられている。その結果、運転に対して過度に緊張するなどして平常心を失い、事故を再び起こしてしまう。

アンカリング（係留）

　与えられた数値に固執する傾向で、選択を行う前にランダムな値を提示されると、その値が実際の選択に影響を与えてしまうことが多い。

(11) 極端性の回避

　与えられた選択肢のなかで、中間的なものを選ぶ傾向があることを極端性の回避という。例えば、寿司屋のメニューに「特上、上、並」とあると、「上」を選びやすい傾向を指す。投資信託でも、ハイリスク・ハイリターン、ミドルリスク・ミドルリターン、ローリスク・ローリターンの3つのタイプのものがあれば、ミドルリスク・ミドルリターンのものを選ぶことが考えられる。しかし、この場合のミドルリスク・ミドルリターンとは、3つの商品のなかでの相対的な比較にすぎず、ミドルリスクが投資家のリスク許容度に適合しているとは限らない。

(12) 群集の心理

　主体的に判断することを放棄し、他人の行動をまねることにより、非合理的な判断が増幅することを群集の心理という。バブル景気の始まりを説明する際に群集の心理が用いられることもある。
　例えば、バブル景気時には、群集の心理によって買いが買いを生み、株式や不動産などに本来の価値とは乖離した高い価格がついていった。
　リーマンショックの場合は、市場価格の大きな下げが誘因となって、これ以上の下げへの恐怖心から一部の人々が売りに走ると、今度はまた群集の心理によって売りが売りを呼んで市場価格が極端に暴落していくことになった。また、多くの金融商品のなかで、「今はこれがよく売れています」という言葉につられて、その金融商品を購入する場合にも群集の心理が働いている。

(13) 行動傾向に固有のバイアス

　これまで見てきたように人間の弱点にはさまざまなものがあり、図表1-12

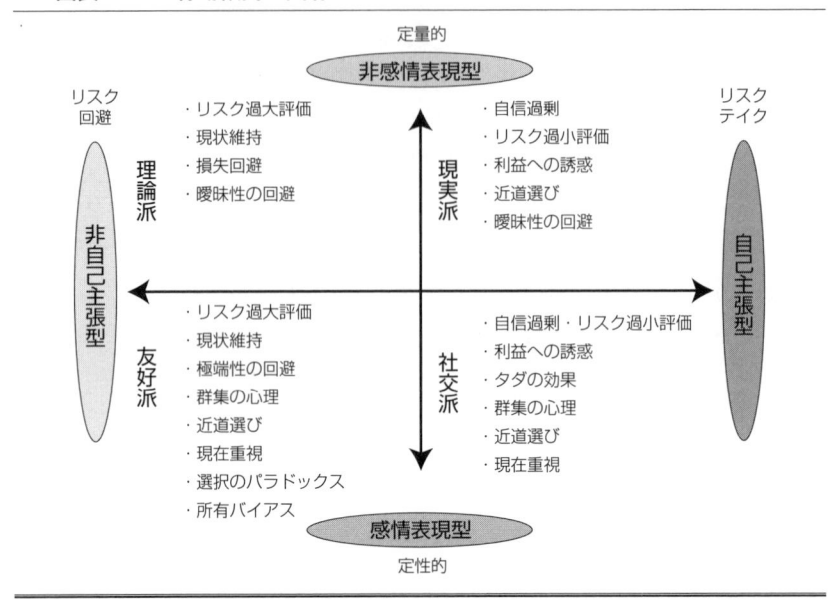

図表 1-12　行動傾向に固有のバイアス

```
                        定量的
                    非感情表現型

リスク              ・リスク過大評価       ・自信過剰              リスク
回避                ・現状維持             ・リスク過小評価        テイク
                    ・損失回避             ・利益への誘惑
            理論派  ・曖昧性の回避   現実派 ・近道選び
                                          ・曖昧性の回避
    非
    自                                                             自
    己  ←─────────────────────────────────────────────→  己
    主                                                             主
    張                                                             張
    型  ・リスク過大評価            ・自信過剰・リスク過小評価      型
        ・現状維持                  ・利益への誘惑
        ・極端性の回避              ・タダの効果
  友好派 ・群集の心理        社交派  ・群集の心理
        ・近道選び                  ・近道選び
        ・現在重視                  ・現在重視
        ・選択のパラドックス
        ・所有バイアス
                    感情表現型
                        定性的
```

に示すとおり、それぞれの行動傾向に固有のバイアスが見られる。

　今後、顧客にアプローチする際、顧客がどういったバイアスに陥りそうなのかを把握し、顧客の弱点を補って投資のミスなどを未然に防ぐためにも、行動ファイナンス分析により理解を深めるとよい。

(14) まとめ──行動傾向によって異なるバイアス

　以上、主なバイアスを見てきた。ところで、これらのバイアスの現れ方は人によってもちろん異なる。それは、具体的には、すでに指摘した4つの行動傾向によって異なってくることになる。

4つの行動傾向と陥りやすいバイアス

① 理論派

冷静で慎重かつ論理的な面が強いので、リスクを過大評価しがちであり、損失回避や現状維持に陥りやすい傾向がある。また、曖昧性を回避したい傾向もある。

② 友好派

人当たりがよく、何でも受け入れるように見えるが、慎重なところがある。その意味でリスクを過大評価しがちであり、現状維持・所有バイアスがあり、損失回避的である。感情が豊かである反面、群集の心理に陥りやすく、現在を重視し、近道選びをしがちである。

③ 現実派

自己主張が強く、冷静で現実的であるため、自信過剰でリスクを過小評価しがちであり、利益への誘導も強い。他方で即断即決的傾向もあり、近道選びや現在重視の傾向もある。

④ 社交派

自己表現が豊かで感情に左右されやすいため、自信過剰でリスクを過小評価しがちである。現在重視で利益への誘惑も強い。他の人やメディアの流行や話題に反応しがちで、群集の心理に陥りやすいところもある。

プライベートバンカーに求められるもの

以上のような行動傾向に固有のバイアスを念頭に置き、顧客の行動傾向とそのバイアスの特徴をよく吟味して、そのバイアスに陥らないように適切なアドバイスをすることが求められる。

例えば、自信過剰で過大なリスクをとりがちな顧客に対しては、リスクを

丁寧に説明したり、逆に、現状維持的傾向の顧客に対しては、このままだとどんなリスクに直面するかを説明し、それぞれの顧客がそれぞれのリスク許容度とライフプランに見合ったリスクテイクをするように動機づけることを心がけることである。

2-2. ライフプランニング

　顧客が行動ファイナンス以上のさまざまなバイアスに陥らずに、合理的な意思決定をするためには、その顧客のライフプランとそれに基づく資金計画つまりファイナンシャルプランを作成することが基本的土台となる。

(1) ライフデザインに基づく価値合理性基準

　まず、次の事例について考えてみよう。

がんで父を亡くした美江子さんの希望
　美江子さんは昨年愛する父をがんで亡くした。美江子さんは、父ががんと闘い、しだいに衰弱していく姿を目の当たりにして、父にできるだけのことをしてあげたいと思い続けていた。そして父の死後、改めて考えた。
「この地球上には、父のようにがんで苦しんでいる多くの人々がいる。私は、医者でも医学の研究者でもないので、手術をしたり、新たな抗がん剤の研究開発をすることはできない。だからせめて、父から相続した遺産の一部を、がんをなくすための研究や治療に使ってもらうため、毎年必ずがん研究の財

団に寄付しよう。それが父を弔うことにつながる」
　美江子さんに対して、加藤氏と沖田氏の２人のアドバイザーがアドバイスをした。加藤氏はこう述べた。
「あなたの気持ちもわかりますが、遺産の一部を寄付し続けると、あなたの金融資産が減り、資産を最大化することができなくなります。今の豊かな暮らしをずっと将来まで続けるためにも、１回だけで少額にしておいたらどうでしょうか」
　他方、沖田氏はこう話した。
「それはすばらしいですね。私も祖母をがんで亡くしたのでお気持ちはよくわかります。お父さんもきっと喜んでいるでしょう。あなたが人々のために遺産の一部を寄付するのはとてもいいことだし、あなた自身の人生の満足と幸福につながると思います。私は、あなたが寄付をし続け、同時にあなたのリタイアメントプランニングに必要な金融資産も長期的に形成できるように、シミュレーションをいろいろして、最適なファイナンシャルプランと金融商品選択のお手伝いをしたいと思います。寄付の場合は、税制上の優遇措置もあるので、それを生かすように考えてみましょう」

[考えてみよう]

さて、加藤さんと沖田さんのアドバイスのどちらが適切だろうか。

美江子さんへの適切なアドバイス
　美江子さんのライフデザインと価値観には寄付することが含まれており、資産最大化が目標というわけではない。したがって、美江子さんにとっての金融資産に関する合理性の基準は、資産最大化ではなくて、寄付も含めた資産運用ということになる。つまり、ここではライフデザインに基づく価値合理性基準が求められている。沖田氏はそれに共感し、さらにライフプラン、

つまりこの場合はリタイアメントプランの資金計画について提案している。そうした意味で、沖田氏のほうが適切であるといえよう。

(2) 人生のゴールデザイン

美江子さんの寄付のような顧客の価値観を把握するために、次のような点について、適切な仕方で顧客に質問してみよう。これらの質問は、すべてオープン質問になる。

【顧客の価値観を把握するための質問事項】

1　理想の生活のイメージは 　　仕事は 　　家庭は 　　住宅は 　　趣味は 　　老後は
2　どんな価値が大切だと考えていますか、その具体的なイメージは 　　努力　　安定　　成功　　愛　　自由　　環境保全　　安全 　　家族　　健康　　社会貢献　　慈善　　自己実現　　美 　　その他
3　希望する資産のイメージは 　　金融資産 　　実物資産
4　あなたにとって幸福とは何か、どんなイメージを持っているか

これらの質問によって、顧客の価値観や考え方が理解できよう。そうした

ライフデザインが、相続や事業承継、資産運用の仕方や消費の仕方などに具体化されてくると考え、その価値合理性をサポートしようとすることがプライベートバンカーにとって大切だろう。

（3）ライフプランニングの手法

次に、人生のゴールデザインに基づいて具体的なライフプランニングないしリタイアメントプランニングを行う。横に長いA4ないしB4の白紙を用意し、タイトルとして「○○様のライフプラン」と書く。ご本人から始めて、ご家族の名前を左側に、上から下へ書き、それぞれの年齢を10年分右に書いていく。そして、子どもの進学や就職・結婚、ご本人の退職・旅行・相続・公的年金や企業年金の支給開始などさまざまなイベントを書き込んでいく。そして、それに必要な資金額を現在価値で書いていく。

オーナー経営者の杉田さんの事例
① 家族構成
56歳のオーナー経営者である杉田さんの場合を考えてみよう。妻は53歳で杉田さんの会社の役員をしている。子どもは2人いて、長男が28歳で商社勤務、長女は24歳で銀行に勤務している。また、母親が要介護状態で同居している。

② 会社の現状
杉田さんの会社は、紙加工製品製造業を父の代から営んでいる。中国で安価な類似製品の製造が行われるようになり、昔と比べて原価も上がってきており、10年前には年商20億円だった事業も、現在は半分にまで落ち込んでいる。税理士のすすめもあり、5年前に会社を資産管理会社と事業会社に分離し、資産管理会社では工場や機械を所有して事業会社に貸し出すとともに、

不動産投資や金融資産運用を行っている。将来、長男が事業会社を継ぐかどうか不明であり、場合によっては優秀な従業員に経営をまかせることも考えている。

他方、資産管理会社は、プライベートカンパニーとして家族で株式を所有し、事業承継していくつもりだ。

③ 杉田社長のライフプラン

今後のライフプランとしては、まずは子どもたちの結婚がある。それなりにお金をかけて結婚式をしてやりたいということと、長男が事業会社を引き継がない場合は、長女のパートナーに継いでもらうことも考えておかないといけないと思っている。

次に、やがてやってくる杉田さん自身のリタイア時期を明確にし、退職金の準備と、現在減らしている役員報酬額を元に戻して、まとまった退職金が会社から支払えるようにすることも頭の中に描いている。資金繰り上、やむを得ず退職金の原資と考えていた会社契約の生命保険を解約したので、改めて退職金づくりを考えなければならない。

また、相続税が増税の方向なので、自社株の贈与についても長期的な計画が必要だと思っている。

さらに悩みなのは、母親のことだ。自宅で妻に世話してもらうのも限界に近づきつつあるので、いい介護施設をこの1年以内に探す必要を感じている。自宅の住宅ローンも2,000万円ほど残っているので、繰上返済して60歳前に完済したいと思っている。それと、毎年1回は海外旅行に出かけている習慣をずっと続けたいと思っている。

また、杉田さんの個人金融資産は2億円ほどあるが、7割は預貯金であり、その他に金、豪ドル預金、取引銀行の銀行株、毎月分配型の外国債券ファンドなどがある。資産運用で最近気になっているのは、ソブリンリスクだという。日本国債の国内消化が立ち行かなくなって格付けが下がったり、海外で

買ってもらうことになればインフレになる可能性があり、その場合、7割の預金の実質資産価値の低減があるかもしれないと感じている。

プライベートバンカーの役割

こうしたことについて、当面10年間のライフプランを整理して、骨子を表に書き出し、それに関する資金計画を総合的に考えてみるのが、ライフプランニングだ。できあがったライフプランは、詳細に書き込み、きれいにレイアウトして、ファイリングした後、顧客に渡すといいだろう。

（4）ライフプランニングによるバイアス回避

さて、ライフデザインに基づいて中長期のライフプランを設計することは、行動ファイナンスが指摘するさまざまなバイアスを、以下のように回避する効果がある。

短期的視野の回避

ライフプランという長期的視野を持つので、短期的に事に振り回されにくくなる。杉田さんの事例では、当面必要な資金は、会社では退職金の原資、個人では2人の子どもの結婚資金や母親の介護費用、そして住宅ローン繰上返済の原資などであり、これらを念頭におけば、資金の一部を短期のハイリスク運用に向ける余裕はあまりないことに気がつくだろう。

現在の利益重視の回避

具体的な目標資金額が明確になることで、資産最大化ではない目標設定が行われるので、ハイリスク・ハイリターンを避けることができる。

群集の心理の回避

個人的目標が明確になるので、他人や広告に引きずられない。

〈必要なリスクテイク・リスク回避の動機づけ〉

自己主張型タイプにはリスクを過大にとりがちな傾向を回避させ、非自己主張型タイプには必要なリスクをとることを認識させる。杉田さんの場合は、自己主張型で、過去に必要以上のリスクをとって金融資産運用に大失敗した経験もあり、今はやや慎重だ。しかしインフレリスクにどう対処するか思案のしどころで、一定のリスクをとって運用することも視野にある。

近道選びの回避

冷静にじっくり分析しながらプランを立てるので、近道選びを回避できる。

〈コラム　ライフイベントの活用〉

　ある金融機関には、提示する詳細なライフプランがある。別の金融機関では、生年月日と家族構成だけでモデルプランを描いてしまう。これで納得感のある提案ができているのだろうか。

　前者は詳細すぎて現実感がないし、後者のモデルプランは問題外である。例えば、祖父母にとって孫の卒業式や結婚式まで生きられるかどうかは一大事であるし、父母にとって子どもの受験時期には深い意味がある。たったこの2つから祖父母の生前贈与の話ができるだろうし、若い金融パーソンなら、大学受験の最新事情で話題づくりができるだろう。ライフイベントなくしてマネーは動かない。

Short Story　ライフイベントプランニングの提案

早瀬敏夫は顧客の木村拓己氏の都内にある自宅を訪れた。木村氏は65歳。昨年まで大手製造業の非常勤役員を勤めていた。在職中に早瀬に依頼してライフプランを立てていたが、今年から始まった年金受給を機にライフプランを再確認したいというのが木村氏の要望である。家族構成は妻（59歳）との

2人暮らし。隣県の埼玉県に長男（35歳）とその嫁（33歳）、2人の孫（長女3歳、長男1歳）の4人が住んでいる。長男のほかは、子どもはいない。これまでのライフプランに目を通すと、木村氏がつぶやいた。
「今年から年金支給が始まって、来年は長期間の海外旅行。その後は…。こうしてみると、引退後というのは、何もなくて寂しいもんだね」
「そんなことはありません。確か、お孫さんがいらっしゃいましたよね」
　早瀬がそういうと、木村氏の顔がほころんだ。
「3歳と1歳。女の子と男の子の2人だよ」
「ご長女は再来年には、幼稚園にご入学ですよね。その後は小学校に…。すると、ご長男の幼稚園ご入学と重なるんじゃないですか」
「確か、そうかな。めでたいことも重なると、息子も何かと大変だな」
「ご家族のことを考えると、まだまだいろんなことがあると思います。お客様やご家族のイベント予定を1年単位で作成していくライフイベントプランニングというものがあるのですが、今日は、こちらのプランを作成してみてはいかがですか。ご長男やお孫さんの今後のことも考えながら」
「孫の成長もプランに入れれば、引退後の寂しいプランに彩が出るかな」
　木村氏がそういうと、木村氏の妻もうなずいた。

2-3. ファイナンシャルプランニングと
　　コア・サテライト戦略

　バイアス回避の土台というライフプランニングをさらに具体化し、より合理的な意思決定を行うためには資金計画、つまり、ファイナンシャルプランニングとポートフォリオ運用戦略が必要になる。

（1）ファイナンシャルプラン概念図

前項で解説したオーナー経営者の杉田さんのケースで、ライフプランから資金計画の部分のみを図にしたのが図表1-13である。この概念図に基づいて、いつ、いくらくらいの資金が必要かを整理するとよいだろう。

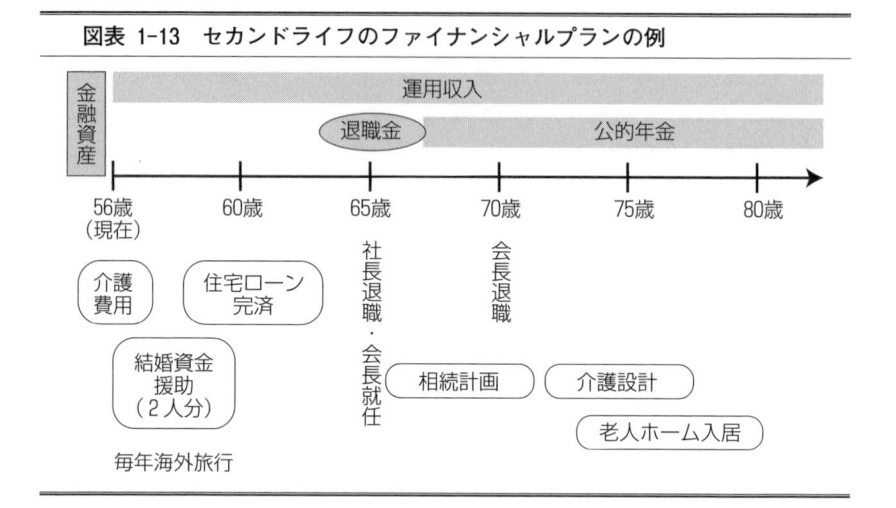

図表 1-13　セカンドライフのファイナンシャルプランの例

```
金融資産 ─────────────────── 運用収入 ───────────────→
                        ┌──退職金──┐  ────公的年金────
  ├──────┼──────┼──────┼──────┼──────┼──────→
  56歳    60歳    65歳    70歳    75歳    80歳
 （現在）                社         会
                        長         長
                        退         退
  ┌──────┐ ┌──────┐  職         職
  │ 介護 │ │住宅ローン│・         
  │ 費用 │ │ 完済 │  会         
  └──────┘ └──────┘  長         
         ┌──────┐  就   ┌──────┐ ┌──────┐
         │結婚資金│  任   │相続計画│ │介護設計│
         │ 援助 │              └──────┘ └──────┘
         │(2人分)│                   ┌──────────┐
         └──────┘                   │老人ホーム入居│
       毎年海外旅行                   └──────────┘
```

（2）資金計画表

以上のファイナンシャルプランニングを資金計画表にまとめる。これにより、換金性・安全性・資産性の視点からどの資金をどのような金融商品で運用するかを整理することができる。これが図表1-14である。このなかで、不時の出費、子ども資金、住宅資金、など換金性や安全性を重視すべき資金は預貯金を中心とすべきであろう。これ以外の資金については、まとめてポートフォリオ運用する。その際に運用の基本的な考え方として採用したいのがコア・サテライト戦略である。

図表 1-14 資金計画表ケーススタディ

	内容	資金性格	金融商品	事例 1億8,000万円	あなたは？
不時の出費	いざという時	換金性	総合口座・MMF	500万円	万円
子ども資金	結婚援助など	安全性	個人向け国債等	600万円	万円
家族資金	遺産分割	安全性	変額年金終身保険	6,000万円	万円
住宅資金	老人ホーム	安全性	定期預金等	3,000万円	万円
生活資金	生活費	一定の収益性	投資信託等	6,000万円	万円
葬儀資金	葬儀代	安全性	変額年金終身保険	500万円	万円
ゆとり資金	趣味・自己投資・教養など	一定の収益性	投資信託・株式	900万円	万円
社会貢献資金	寄付など	一定の収益性	投資信託等	500万円	万円

◎当面必要のない家族資金・葬儀資金と、生活資金・ゆとり資金・社会貢献資金をまとめてアセット・アロケーションを組む→コア・サテライト戦略。

(3) コア・サテライト戦略

　コア・サテライト戦略（図表1-15）は、運用対象となる金融資産をコア（中核）部分とサテライト（衛星）部分に分けるアセット・アロケーション手法である。コアでは全体の70～90％の割合として、インデックス型や国際分散型の投資信託などを組み入れリスク管理しながら、インフレヘッジをベースにマーケットの長期的なトータルリターンをとりにいく。一方、サテライトでは10～30％程度の割合として、今後急成長が見込めるアセットに投資してリスクをとりながら短期的な利益を確保する。コア・サテライトの割合

図表 1-15　コア・サテライト戦略のイメージ

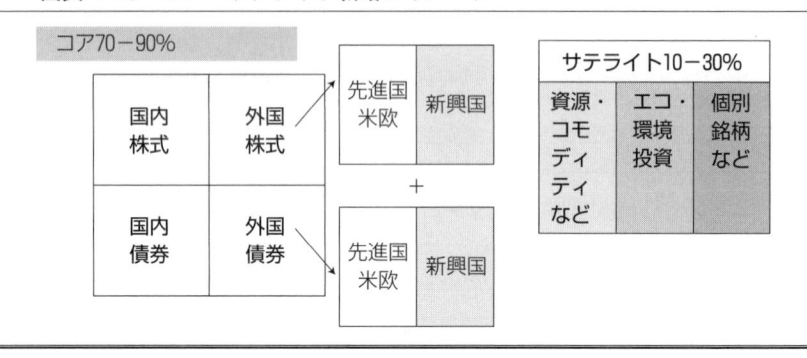

の幅は顧客のリスク許容度と資金計画の内容を勘案して決める。

ポートフォリオ構築のポイント

① 数年かけて徐々に進める

こうしたポートフォリオ構築は一気にせずに、数年かけて徐々に進めるとよい。例えば、ひと月に100万円ずつ3年で3,600万円といった形で時間分散を重視する。最もよくないことは、数千万円を一度に投資して、その直後に大きな市場暴落が起こり、一挙に何割も資産が減ってしまうことである。それを取り戻すことはかなり困難である。

② 現在ある運用資産を生かす

ポートフォリオ構築の際は、現在ある運用資産を生かすようにする。例えば、先進国の外債ファンドと日本株インデックスファンドがある場合は、新興国の外債ファンド、外国株ファンド、国内債券ファンドといったそれ以外の投資対象にかかるファンドを補って、ポートフォリオを作成するようにする。

③ 検討すべき基本トピックス

ポートフォリオの構成要素の割合を決めるために検討すべき基本トピックスとしては、次のようなものがある。

まず、新興国の発展が第2段階に入っていることだ。新興国は世界の工場だった第1段階を経て、現在は世界の消費地となり、グローバル経済の中心を担いつつある。

次に、その結果、食料、資源エネルギーの供給制約問題が顕在化し、インフレ傾向が出ていること。そして、これらへの対応として、再生可能エネルギーの開発が大規模に進められている点も重要である。

他方、先進国では、リーマンショック後の経済危機対応による大規模な財政出動によりソブリンリスクが顕在化し、日本も米国もこの波の中にいることである。これに加えて日本は東日本大震災後、貿易収支が赤字となり、製造業による輸出中心の経済構造の大きな転換を迫られている。

Short Story 時間の使い方

早瀬にも得意な顧客と苦手な顧客がいる。得意な顧客というのは、共通の話題があり、いつまで話していても飽きることがない顧客である。その代表が、森沢産業の森沢大介社長だ。一緒にゴルフコースを回るなど、ゴルフの話題には事欠かない。ゴルフの話を始めるとあっという間に時間が過ぎ、それでも森沢社長は早瀬をなかなか帰してくれない。

一方、苦手な顧客というのは、共通の話題が少なく、いわゆる、とっつきにくい顧客である。その一例が、水口病院の水口忠雄理事長だ。はじめて会った日に盆栽の話をされ、盆栽を始めるようにすすめられたときは困ってしまった。早瀬はそういう場合、関心を示しながら聞き役に回るのだが、その間、とても長い時間に感じてしまう。こういうとき、早瀬には心がけていることがある——顧客には楽しい時間をすごしてもらおう。どんなに話が長くても、顧客が「おや、もうこんな時間か」というと、報われた気がする。さらに、「この後の予定は？」ときかれれば、時間の都合がつく限り顧客の話を聴く意思を示す。

それなら、いつ、商品説明をするのか？　それは、相手が聞く耳を持ったときである。商品説明の内容も要点をまとめておき、１分スピーチ用、３分スピーチ用、関心を持ってもらうための内容、クロージング用など、相手の都合や心理状態、早瀬の目的に応じたシナリオを用意している。顧客にとって楽しい時間は惜しみなく使い、顧客に時間を割いてもらうことには効率的に物事を進める。これは、得意な顧客にも苦手な顧客にも共通して心がけていることである。

3 ライフプランを活用したメンテナンス

3-1. ライフプランを活用した資産運用のメンテナンス

　ライフプランを立て、ポートフォリオ運用を始めてからは、顧客自身のライフプランの変化と経済金融情勢の変化という、いわば顧客内外の環境変化に対応して、ライフプランの柔軟な変更やポートフォリオの柔軟な変更が必要になる。

　第1に、四半期に一度程度は、金融経済情勢の変化と見通し、および金融商品の運用状況について顧客に説明し、アドバイスを行う。また大きな金融経済情勢の変化があった場合は、寸時を置かず、その変化の状況と原因そして運用状況への影響を顧客に説明しにいくべきだろう。

　第2に、1年に一度、顧客の年間キャッシュフロー報告書（図表1-16）と個人バランスシート（図表1-17）を作成し、それとライフプランを照らし合わせて、目標に対する達成度や現状の問題点について話し合い、アドバイスを行う。

　年間キャッシュフロー報告書と個人バランスシートを作成する際は、所得税・住民税額や固定資産税額そして社会保険料も表示する必要があるので、顧客個人の確定申告が終わってから、その確定申告書の情報を取り入れて作成するのがよいだろう。

図表 1-16　年間キャッシュフロー報告書のモデル

2011年1月1日～12月31日　　　　　　　　　　　　　　　　　（単位：万円）
収　入

給与収入（役員報酬）
不動産賃貸収入（手取り）
利子・配当等収入（手取り）
その他収入

　　　　　　　　　　　　　　　　　　　　　　　　　　　収入合計

支　出

貯蓄・投資
固定支出
　　　　　住居費（住宅ローン等）
　　　　　交通・車両費（自動車ローン等）
　　　　　生・損保保険料
　　　　　固定資産税等
　　　　　教育費
　　　　　その他
　　　　　　　　　　　　　　　　　　　　　　　　　　　小　　計
変動支出　所得税・住民税
　　　　　社会保険料
　　　　　食　費
　　　　　水道光熱費
　　　　　医療費
　　　　　その他生活費
　　　　　その他支出
　　　　　一時的支出
　　　　　　　　　　　　　　　　　　　　　　　　　　　小　　計
　　　　　　　　　　　　　　　　　　　　　　　　　　　支出合計

　また、中小企業のオーナー経営者の場合は、法人の確定申告が済んでから、そこに盛り込まれている保険積立金など役員退職金の原資の状態、会社加入の死亡保険の状況、会社への貸付金、オーナー個人の所有する自社株の評価

図表 1-17　個人バランスシートのモデル

資　産	負債および資本
<u>現金等</u> 　預　金 　MMF 等 　生命保険（キャッシュバリュー） <u>投資資産</u> 　債　券 　株　式 　投資信託 　金 　個人年金 　その他（ゴルフ会員権等） <u>実物資産</u> 　不動産　土地 　　　　　建物 　自動車 　家　財	<u>負　債</u> 　住宅ローン 　自動車ローン 　その他 <u>負債合計</u> <u>純資産</u>
資産合計	負債・純資産合計

額などの情報も併せて確認する必要があるので、法人の確定申告後がよいだろう。

　個人バランスシートは、時価評価で期末評価額を記入する。また顧客と相談し、顧客の顧問税理士・会計士と連携して、自社株や上場株式等、不動産・生命保険などの相続税評価額を出し、それをもとにした個人バランスシートを別途作成すると、さらによい。

3-2. 資産運用アドバイスに求められる歴史観

(1) 明治維新からバブル崩壊まで

　図表1-18をご覧いただきたい。これは日本の近現代史の鳥瞰図である。明治維新からほぼ40年単位で、歴史が上り坂と下り坂のアップダウンをしていることがわかる。戦後は1945年の敗戦を出発点とし、1989年の不動産バブル崩壊までが上り坂であった。この期間の特徴として、政治・経済・外交面で米国に依存する部分が大きかったこと、重化学工業や自動車産業など工業化による内需拡大と輸出による加工貿易を基軸とする経済成長、国の認可制による官僚行政指導、会社員と専業主婦に子ども数人の核家族と住宅・自動車所有といったことが挙げられる。しかし、1989年以降はこれらの構造が行き詰まり、さまざまな問題が生じてきた。

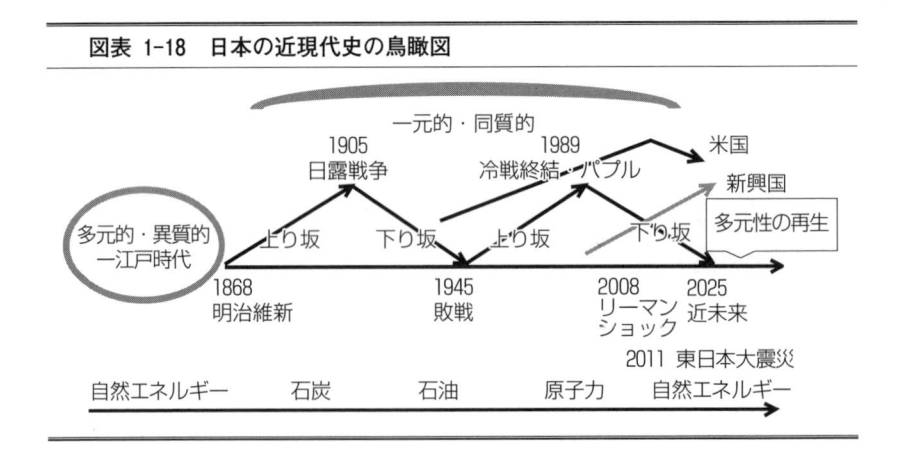

図表 1-18　日本の近現代史の鳥瞰図

```
                 一元的・同質的
            1905              1989
            日露戦争           冷戦終結→バブル      米国
                                                  新興国
  多元的・異質的                                    多元性の再生
  ―江戸時代    上り坂  下り坂  上り坂   下り坂
            1868        1945      2008    2025
            明治維新    敗戦      リーマン 近未来
                                 ショック
                                      2011 東日本大震災
  自然エネルギー  石炭    石油    原子力   自然エネルギー
```

（2）国際関係の転換期

　1989年は、国際関係の転換点である。ベルリンの壁崩壊により、戦後国際関係の基軸だった冷戦構造が終わった。数年してソ連は崩壊し、中国は社会主義市場経済路線をとり始め、今日の新興国経済成長が始まる。新興国は当初、世界の工場だったが、リーマンショック以降は世界の消費地という第2段階に入っている。アメリカ一国中心主義は、1989年以降大きく変化し、G8からG20の時代に移っている。

（3）海外資産運用と脱工業化の課題

　日本経済は、戦後上り坂期に成長の基盤だった内需のみでは立ち行かなくなり、下り坂に入って工業製品中心の輸出主導の経済成長を図ったが、東日本大震災直後、高度経済成長以降では初めての貿易赤字を記録している。新興国に対応する安い工業製品を国内で生産し輸出することは、賃金の低下を招くなど限界があり、工場の海外移転で現地生産する以外にこの分野の生き残りが困難になっている。さらに、海外に輸出したり製品を現地生産することよりも、海外に直接・間接に投資することで収益を上げること、つまり海外資産運用が日本の大きな課題の1つになっている。また、脱工業化による新しい産業育成と新しい産業構造の構築が課題となっている。

（4）食料・資源の供給制約の克服

　新興国の経済成長と消費拡大に伴い、食料・資源の供給制約が大きな問題となり、輸入インフレが進行している。東日本大震災に伴う福島第一原子力発電所の事故により、原子力発電にブレーキがかかり、他方でオイルピークがやってくるなど化石燃料の供給制約があるなか、再生可能エネルギーの開

発が重要になり、ヨーロッパや中国などで、その動きが加速している。再生可能エネルギー市場の規模は急速に拡大しているが、これがさらに加速する可能性がある。

(5) プライベートバンカーとしての見識

　日本は、1989年以来の戦後下り坂の中間点を過ぎ、リーマンショックによる世界経済危機や東日本大震災による戦後産業構造や政治構造・行政構造・財政構造の大改革・社会保障制度の大改革期に直面している。

　資産運用アドバイスを行ううえで、短期的な金利・為替・株価・地価等の変動のフォローを行う前に、あるいはその大前提としてこうした中長期的歴史感覚を磨くことは、適切なアドバイスを行うためにも必要であり、とりわけこうした分野に見識のある富裕層を相手にするためには、必要不可欠であると思われる。

3-3.大震災後の運用環境変化と運用リスク

(1) 米国債の格下げと株価下落

　2011年8月8日、S&Pは米国国債の格付けをAAAから一段下げた。米国国債は世界で最も安全な資産とされてきたが、それが格下げされたことは歴史的なことである。すでに述べたように1989年の冷戦構造の崩壊を歴史的契機として、米国中心の世界構造のたそがれが始まり、新興国の成長が始ま

った。新興国は世界の工場から世界の消費地へバージョンアップする一方、先進国は2008年のリーマンショックと世界金融危機により経済・金融が毀損し、大規模な財政出動によって、これを一時的に凌いだ。しかし先進国経済の景気回復は厳しく、米国・日本・ユーロは、それぞれ問題を抱えたまま、国際的な経済的ポジションを傾向的に低下させている。こうしたなかでの米国国債の格下げであるので、株式市場の動揺は激しい。

しかし、米国債の2％台の金利水準は変わらず、これ以外に選択肢があまりないなかで、逆に買われているのが現実である。債券のデフォルトに関する指標であるCDS値を5年物国債で見ると、8月8日時点で米国34.955に対して、ギリシャ1657.49、イタリア344.27、スペイン352.5となっている。つまり、目先の問題はむしろユーロ圏であり、イタリア・スペイン国債の金利上昇とCDS値上昇に注目すべきだろう。それはユーロ解体の危機を内包している。

（2）金融抑圧・インフレ懸念とポートフォリオ再構成

国家財政に関する最近の話題は、カーメン・ラインハートが指摘する「金融抑圧」（カーメン・M・ラインハート，ケネス・S・ロゴフ『国家は破綻する』日経BP社、2011年）だろう。これは増税やインフレによらずに、国家が低金利の国債を国民や企業・金融機関に買わせ続けることで、借入れコストを軽減し、債務残高の増加ペースを遅らせて財政破綻を先延ばしする政策であり、今後の米国政府にとっては有効だろう。「金融抑圧」は、日本がバブル経済崩壊後、実質的にとってきた政策であり、それを米国も、とりあえず2013年半ばまでは続けると明言した。米国債務は対GDP比100％超となったが、日本と比較すればまだ余裕はある。いわゆる流動性の罠もあり、物価は上がっても金利上昇は考えにくい状況が続くだろう。

こうしたなかで、日本は円高であり、相対的に見れば、円は安全資産なの

で、スイスフランや金と同じように資金の国際的避難先になってはいる。しかし、日本国債はどうだろうか。格付けを見るとS&Pで現在、AA-であり、CDS値は94.31、そして国家債務は対GDP比200％を超え、いずれも米国債よりもはるかに悪い。よくいわれるように、個人金融資産による日本国債の間接的な引受け余力はあと３年から５年。増税や金融抑圧の選択肢が弱まれば、インフレという可能性は否定できない。円と日本国債のリスクをよく認識しておくべきだろう。

　他方、日本株式については、東日本大震災以降日本企業のなかで、ソフトバンクの孫正義氏や楽天の三木谷浩史氏らの改革派と電力業などの守旧派との対立が浮かび上がっている（『ロンドン・エコノミスト』６月25日号）。イノベーションと再生可能エネルギー技術を進める起業家を中心とする改革派がどれだけ伸びていくかは、日本経済の成長にとって注視すべきポイントだろう。全体としていえることは、先進国に深刻な財政問題と経済成長鈍化・景気低迷があり、他方で新興国の経済成長が中長期的にも著しいということを見ておくことが重要だろう。そうした意味で、国際的には新興国への投資が日本の個人投資家全体としてアンダーウエイトである状況の見直しも必要だろう。

　いずれにしても、きわめて大きな経済金融環境の変化に直面しているので、プライベートバンカーは全力で情報を収集し分析することに努力しなければならない局面にあると自覚すべきだろう。

第1章　富裕層へのアプローチ

3-4. ブラックスワンは今後も起こる
〜ベキ分布、正規分布、相転移〜

(1) 平時は正規分布に従う

　資産運用のメンテナンスに関して最後に触れておくべきは、「大きな危機〈ブラックスワン〉は今後も起こる」という前提でアドバイスを考えるべきだということである。市場価格の変動は、平時はよく知られている正規分布（図表1-19）に従う。これは、価格のバラツキは3標準偏差内で99％以上起こるというものであり、極端な暴落はほとんど起こらないという考え方で、その下での資産分散は有効であるというものだ。

(2) 相転移

　めったに起こらないことも起こりうる。それがリーマンショックであり、

図表 1-19　標準正規分布図

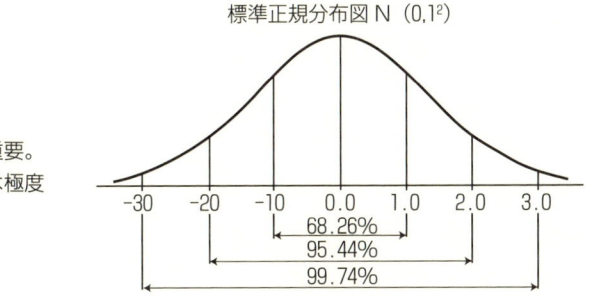

標準正規分布図 N (0,1²)

・平均が中心で重要。
・例外・異常値は極度に少ない

-3.0　-2.0　-1.0　0.0　1.0　2.0　3.0
68.26％
95.44％
99.74％

東日本大震災であり、福島第一原子力発電所の事故だった。水は、平時は液体であるが徐々に温度が上がり、100度になると沸騰して気体へと「相転移」するように、株式や債券そして為替の世界も、今までにない要素が蓄積されると、やがて相転移が生じ、大暴落の可能性がある。日本国内では、ソブリンリスクや東海・東南海等大地震の可能性に留意したい。

（3）暴落時はベキ分布に従う

　リーマンショックは100年に一度の大暴落といわれたが、昨今の状況を顧みると、相転移が生じ、リーマンショック時のような株価と債券価格の同時暴落が再び起こることもありうる。その場合は、市場価格のバラツキはベキ分布に従うと考えるべきだろう。
　図表1-20をご覧いただきたい。正規分布と異なり、ベキ分布は、カーブがへこみ、しかも左右の幅がきわめて長い。これをロングテールと呼んでいて、極端な価格高騰や暴落が起こる可能性が示されている。

図表 1-20　ベキ分布（べき乗則）〜ロングテール

正規分布では2標準偏差内に95％強の事象が入るが、ベキ分布では、全体の80％程度は例外的事象である。また全体の20％程度が大きな影響を及ぼすともいえる。

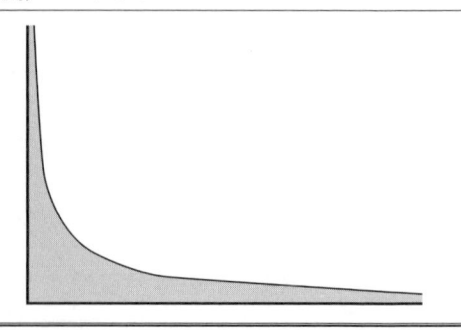

（4）プライベートバンカーとしての対応

　大暴落に対処するには、もしそれがわかるなら、暴落前に一旦キャッシュにしておくことだろう。しかし、それが困難なら、基本は時間分散で定額の積立をすることである。暴落時には同額の投資であれば、たくさんの口数を購入することができ、返金購入単価を下げる効果が働く。また、デリバティブを使って、暴落時に逆に価格上昇する金融商品に投資することである。どのようにして顧客の金融資産を守るかは、プライベートバンカーの熟慮と腕の見せどころといえる。

　もっとも、その前に重要なことは、顧客に極端な危機が今後も起こることを理解してもらうことだろう。

〈コラム　顧客のリスク許容度〉

　100年に一度といわれたリーマンショックで、この相転移を金融機関のプライベートバンカーは体験されたわけである。皆さんは、損失をかかえた顧客をどうフォローしてきたであろうか。

　日経平均は1万2,000円から7,000円へと下落していったわけだが、この過程で顧客の表情はどう変わっていったのか観察できたはずである。顧客の「もう耐えられない」といった表情を見守っていたのであれば、その顧客の「リスク許容度」を体感できたはずである。皆さんに明らかにされているのは限られた資産であっても、その限られた範囲ながら含み損は何％なのか報告書で知ることができる。

　顧客のリスク許容度を体感したなかで真剣に顧客と向きあっただろうか。相場の行きすぎた下落は絶好の買い場であり、一方、下げるなかでどのような銘柄で換金売りが出るかも、今後の相場を読むうえで貴重な情報だ。次の一手を打てるように待機資金を捻出していただろうか。100年に一度だからしょうがないでは、あなたをプロとして頼りにした顧客は浮かばれない。

3-5. まとめ
〜プライベートバンカーに必要なコンピテンシー〜

「他の人でなく、あなたに依頼したい」といったパーソナルブランドを確立するためには、何が必要であろうか。それは図表1-21のとおり、専門的力量としての能力・スキル・知識が必要である。

知識については、絶えず最新のものを仕入れる必要がある。そのためには、専門家とのネットワークづくりも有効である。そして、その上にスキルが求められる。コミュニケーションスキルとして、まさにコーチングが実践できるか否かが重要となる。さらに能力として、面談において定性面の情報を収集し、ペーパーで定量面の情報を収集し、問題を分析して提案することが求められる。これら3つを兼ね備え、行動を伴ってはじめてプロフェッショナルとなる。顧客への思いや自分の信念・キャラクターにより、ぜひパーソナルブランドづくりを始めてほしい。

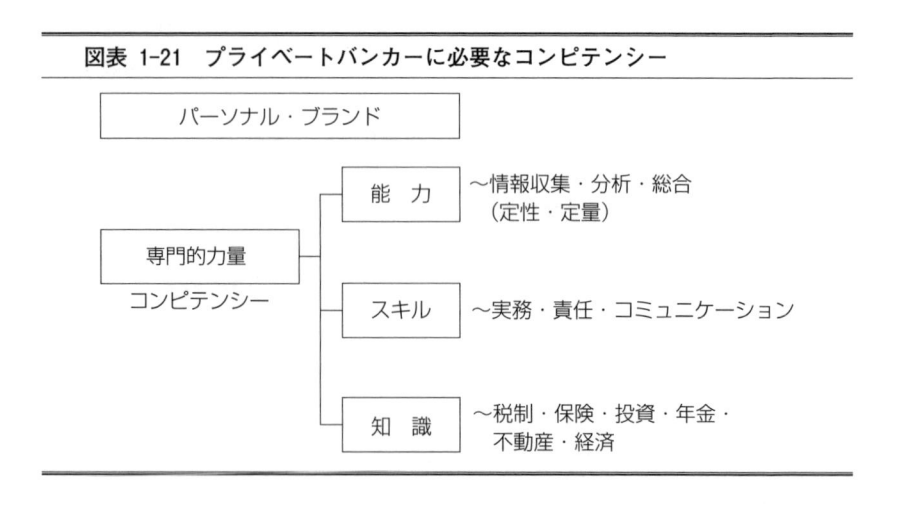

図表 1-21　プライベートバンカーに必要なコンピテンシー

```
パーソナル・ブランド
        │
専門的力量 ─┬─ 能　力 　〜情報収集・分析・総合
コンピテンシー │          （定性・定量）
        ├─ スキル 　〜実務・責任・コミュニケーション
        └─ 知　識 　〜税制・保険・投資・年金・
                    不動産・経済
```

Short Story　顧客のリスク許容度

　リーマンショック以降も新たな経済危機の懸念が話題になったが、早瀬はそのたびに顧客との接点を増やしてきた。思い返せば、リーマンショックの際は携帯電話に顧客からの問い合わせが集中した。その直後は顧客回りに忙殺される日々を送った。一度の訪問で納得してくれる顧客もいれば、翌日に電話で再び問い合わせてくる顧客もいた。早瀬は顧客の不安を和らげるために問い合わせに丁寧に対応し、自分からもこまめに情報提供をするように心がけた。そうしたやりとりが続くうちに、それがいつの間にか早瀬と顧客の間で習慣化したのだ。

　金融危機を通して顧客との接点を増やしたことで、リスクや不安に関する顧客の傾向を知ることができた。例えば、資産が目減りした場合、それ以降はリスク商品に対する警戒心をあらわにする顧客もいれば、それを補う新たな商品を併せて希望する顧客もいる。また、目減りした資産が比較的大きくても動じない顧客もいれば、わずかな額でも対策を相談したいという顧客もいる。なかには、特定の金融指標に反応して早瀬に電話をかけてくる顧客もいるし、金融指標の動きによっては、リスク商品の話はこちらから持ち出さないほうがいいという顧客もいる。

　こうした傾向に気づいて以降、早瀬は、顧客に接触するタイミング、提供する情報の内容、提案する商品、提案のタイミングなどを顧客の傾向に合わせて工夫するようになった。

第2章

富裕層顧客の特性とアプローチ法

オーナー経営者へのアプローチとポイント

1 富裕層ビジネスの推進

1-1. 経営者の特徴

　富裕層ビジネスの推進は、各金融機関によって必ずしも一様ではない。どういう顧客を対象とするかで手法は違ったものになるからだ。

（1）創業者およびその一族へのアプローチ

　富裕層は一般的に、収入から見たフローリッチ層と保有資産から見たストックリッチ層に大別できる。広い意味でオーナー経営者といっても、企業の規模や創業者一族であるかなど経営状況によって資産背景は多様となる。
　中堅中小企業の創業者やその一族の役員の場合、次世代へのスムーズな事業承継に関心が高く、一般的に、経営を引き継ぐ後継者を育成する課題と事業承継に伴う税負担軽減へのアドバイスが期待されることが多い。
　節税も資産運用の選択肢の1つとして期待されるニーズであるが、自社株式に譲渡制限を設けたり種類株式の活用や相続時精算課税制度による贈与策など、事業承継対策を通じて、結果的に企業経営の改善につながる情報提供や支援が顧客満足度を高めるケースが多い。
　例えば、創業者が個人名義の土地を法人に賃貸している場合、事業承継時に法人に買い取らせ、譲渡代金を創業者の個人資産として運用するというの

も現実味のある話である。そうした提案に際しては、企業の資金調達力など、財務面からの企業価値を分析・判断することを前提に、ストック資産を金融資産に転換する着眼点がビジネスの推進に求められてくる。

(2) 役員の場合

オーナー経営者という立場にない役員の場合は、経営のプロとして企業との委任契約に基づく職責にあり、従業員と企業との雇用契約とは立場が異なる。企業の業績次第で収入が大きく変わることも多く、また、委任契約の世界には相互解除の自由という大原則（民法651条1項）があり、企業に対してロイヤリティを持てなくなったときは、いつでも辞任できる。その半面、責任の明確化のために退任を余儀なくされるなど身分保証の不確かさがあり、自らの生活設計を立てるうえで不安定な一面がある。これは、一般従業員が定年まで勤め上げて、ハッピーリタイアメントによる生活設計を立てるという話とは大きく異なる点といえる。

1-2. 顧客データの整理 〜㈱森沢産業の事例〜

企業経営者へのアプローチを検討するうえで、株式会社森沢産業の事例を紹介しよう。同社の社長や役員を勤める親族、企業の業績、把握している限りの資産状況などを次ページ以降に整理したので、どのようなアプローチが有効か、どのような提案が可能かなどを考えてみよう。

なお、同社へのリテール事例を本章のショートストーリーにまとめたので、

それも参考にしてほしい。

㈱森沢産業の概要

設　　立：1955年（昭和30年）
業　　種：工作機械の部品（主にネジ）製造業
資 本 金：5,000万円　　　年　　商：15億円
総資産額：20億円　　　　純資産額：2億円
従業員数：30名
補足情報：1．株式の譲渡制限規定なし
　　　　　2．定款・株券は行方不明

（役員構成）
代表取締役　　森沢　大介　（69歳、創業者）
専務取締役　　森沢　一郎　（44歳、長男）
取締役　　　　森沢　次郎　（42歳、次男）
監査役　　　　山田　和子　（46歳、長女）
※ただし、長女と次男は名ばかり役員に近い

（株主構成）
　　　　　発行済株式総数　　1,000株
社　　長　　森沢　大介　　　600株
長　　男　　森沢　一郎　　　200株
次　　男　　森沢　次郎　　　 50株
長　　女　　山田　和子　　　 50株
社長の甥　　森沢　太郎　　　 50株
社長の姪　　田中　花子　　　 50株

※現在の株主構成に至った背景には、社長の妻と社長の弟の相続での株式承継があった。

会社の貸借対照表（B/S）（概要）

(単位：百万円)

資　産		負　債	
（流動資産）		（流動負債）	
現預金	100	支払手形	300
売掛金	600	買掛金	300
仕掛金	300	短期借入金	100
その他	100	（小計）	700
（小計）	1,100		
		（長期負債）	
（固定資産）		長期借入金	1,100
建物	50	（小計）	1,100
機械・車輛等	500		
保証金・前払費用等	200	（純資産）	
長期貸付金	50	資本金	50
その他	100	利益剰余金	150
（小計）	900	（小計）	200
資　産　合　計	2,000	負債・純資産合計	2,000

※本社兼工場の建物は法人所有、同土地は森沢社長の個人資産で法人に賃貸している。
※長期借入金のうち1億円は、森沢社長からの借入金。

損益計算書（P/L）（概要）

※単位：百万円
売　上　高：1,500　　営業利益：220
経常利益：　190　　純　利　益：110

森沢社長の親族関係図

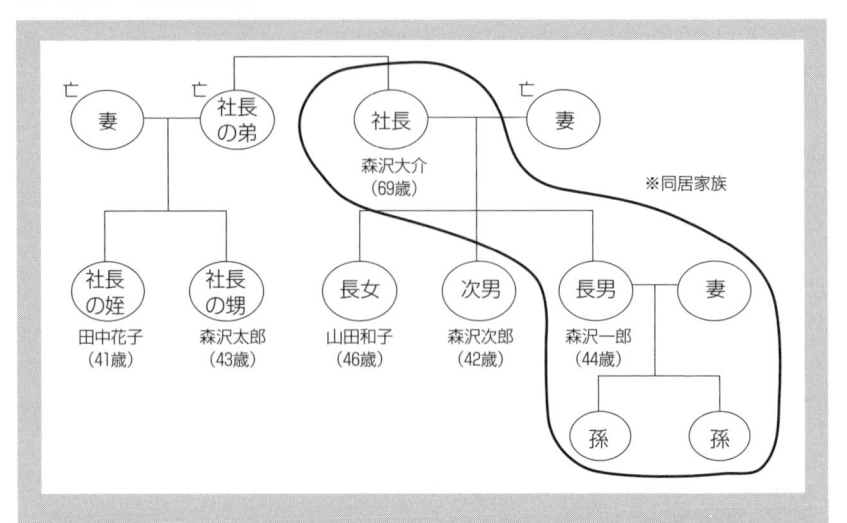

```
  亡              亡
  妻 ─┬─ 社長    社長 ─┬─ 妻
      │  の弟           │
      │          森沢大介
      │          (69歳)        ※同居家族
      │                │
  ┌───┴───┐      ┌─────┼─────┐
  社長     社長   長女    次男    長男 ─┬─ 妻
  の姪     の甥                          │
  田中花子 森沢太郎 山田和子 森沢次郎 森沢一郎
  (41歳)   (43歳)   (46歳)    (42歳)   (44歳)
                                         │
                                    ┌────┴────┐
                                    孫        孫
```

※社長の弟夫妻は25年ほど前に航空機事故で他界した。その後、当時高校生だった甥と姪を引き取り、経済的にも支援した経緯がある。

森沢家一族の人物像

社長：森沢　大介（69歳）

　㈱森沢産業の創業者で代表取締役を務める。妻を亡くした後、これまでのエネルギッシュな働き方が影を潜める。顧問税理士から事業承継を具体化するようにすすめられている。銀行員の早瀬敏夫とは約3年前からのつき合いで、公私にわたり意気投合している。

長男：森沢　一郎（44歳）

　これまで社長である父を支えて事業を発展させてきた。自他ともに認める後継者候補の筆頭。父名義の居宅に父と同居している。

次男：森沢　次郎（42歳）

　もともとは大手百貨店で営業畑の仕事をしていたが、リストラで関連子会社に転籍している。勤務先の同意を得て実家の法人役員となっているが、実務はまったく担当していない。ただ、チャンスがあれば、㈱森沢産業で力を発揮したいという願望がある。

長女：山田　和子（46歳）

　名前だけの監査役。母親を最期まで介護した実績があり、長男・次男は頭が上がらない。将来、父親の財産を継承したい意向を周囲に漏らしている。

甥：森沢　太郎（43歳）

　父が社長の弟で、航空機事故の後、社長にはとてもお世話になったと感謝の気持ちを強く持っている。父の相続で株式を取得したが、会社の経営には関心がなく、保有する株式に財産価値を感じていない。

姪：田中　花子（41歳）

　兄の森沢太郎とは対照的に㈱森沢産業の経営に関心が高い。父が現社長と一緒に創業した会社という想いからと思われる。保有する株式が現在無配であることが不満で、最近、配当金支払いを社長に要望している。

森沢社長個人名義の資産

※単位：百万円

（会社関係）
法人への賃貸の土地	200
法人への貸付金	100
自社株式	120
（小　計）	420

（その他）
自宅の土地・建物	50
銀行預金	40
上場株式	20
投資信託	10
ラップ口座（SMA）	50
国　債	10
（小　計）	180
（合　計）	600

※死亡保険金（役員保険）…1億円、法人受取

Short Story　事業承継の相談①

　早瀬敏夫はこの日、森沢大介社長の妻の3回忌法要に出席した。森沢社長から「子どもたちが集まった席で、これからの会社経営、特に事業承継の進め方について皆の考えを聞いておこうと思うので、専門的な知識が必要なところがあれば補ってほしい」という要請があったからだ。

　法要の後、森沢家の一室に親族が集まった。森沢社長を上座に据え、3人の子供と甥と姪、そして早瀬も同席している。森沢社長は親族にねぎらいの声をかけた後、本題に入った。

　社長　最近、体の衰えを感じることが多くなったし、顧問税理士の先生からも事業承継の準備を進めるよう助言をもらったところだ。そこで、長男の

一郎に会社を引き継ぎたいと思っているんだが、皆の意見はどうかな。
「少し早い気もするけど、お父さんにはそろそろゆっくりしてもらってもいいのかな」。長男をはじめ子供たちの意見は大方、このようなものであった。

長女 ところで、お父さんが亡くなったら会社の株はどうなるんですか。

社長 何だか話が具体的になってきたな。大事なことだ。

長男 それは相続財産として、後継者の俺が全部引き継ぐよ。

次男 えっ、法定相続分で分けるというルールがあるから、兄貴が全部引き継ぐというのはおかしいよ。おれも、今の会社を辞めてお父さんの会社の経営にかかわりたいと思ってたんだ。それは困るなあ。

長女 一郎が経営を引き継ぐのはいいけど、お父さんの預金とか、他の財産はきちんと分けてほしいですよ。法律的にもできるはずよ。

社長 太郎君（甥）や花子さん（姪）はどう思う？

甥 僕は父の相続で会社の株式をもらいましたが、経営には関心がありません。保有している株式の扱いをどうしたらよいのか困っていました。

姪 それだったら兄さんの持っている株を私が引き取りたいわ。それと、先日、伯父さんに話したように、会社の業績をもっとよくして配当金をもらいたいです。持っていてもあまりメリットを感じていませんから。

社長 そうかぁ。皆それぞれに思いがあることがわかったよ。どうだろう、少し勉強してみないか。今日は早瀬さんをお呼びしているんだ。早瀬さんは皆もよく知っているとおり、メインバンクとして日頃からお世話になっている。事業承継にも詳しい方だよ。

「厄介なところに呼ばれたものだ。これでいくらの取引が見込めるんだ」。数年前の早瀬なら、そう思っていただろう。もっとも、顧客からそのような要請もなかったはずだが……。このあたりの変化がプライベートバンカーを目指す彼の成長の証しといえるところだろう。

早瀬 今日は社長のご指示で法要に参加させていただきました。いつもメインバンクとしてお引き立てをいただきまして、ありがとうございます。早速ですが、事業承継のことについて、まず基本的なお話をさせていただきます。たぶん今のままで社長に何かありますと、森沢産業は大変な混乱に陥ってしまいそうな予感がします。専門用語など難しいところがあればその都度、ご遠慮なくご質問ください。

早瀬はゆっくりと話し始めた。

(つづく)

2 事業承継の課題（後継者問題）

　中小零細企業の大きな経営課題の１つに後継者問題がある。森沢産業の事例のように関係者の利害が絡む問題である。この問題について顧客から相談を受けた際は、①事業承継の難しさ、②自社株という資産の意味、③事業承継と経営承継円滑化法のポイント——というテーマで問題点を整理すると、その重要性を顧客やその関係者に理解してもらいやすい。

2-1. 事業承継の難しさ

（１）歴史に見るサスティナビリティの難しさ

　最近、サスティナビリティ（持続可能性）という言葉をよく耳にするが、「将来の世代の欲求を充たしつつ、現代の世代を満足させる」という考え方が根底にある。事業承継に当てはめると、「暖簾（のれん）」の継承が、遠く江戸時代から商家にとっては一番大事なことであった。そのため、多くの商家がその店の主人が経営者として適格でないと思われるときは、外部との接点を持たせないように押込や閉居をしてもよいと家訓に残していた記録がある。暖簾の継承のための策として先人の想いが今に伝わってくる。

サスティナビリティの難しさは、歴史的には、今もビジネス街の要に残る淀屋橋を架けた淀屋の繁栄と没落からも学ぶことができる。初代と2代目は商いの天才で、大阪に米市場をつくり先物取引を世界に先駆けて始めるなど、巨万の富を築いたことで知られている。

ところが、3代目、4代目になると、淀屋は贅沢三昧の暮らしを始め、5代目に至っては、町人にあるまじき贅沢をしたとのことで財産没収、所払いという厳しい処分を受けることになり、これまでの繁栄に幕を下ろす結末に至った。

(2) プライベートバンカーの役割

事業継続の難しさの原因は多岐にわたるが、私たちは歴史から多くの教訓を学んできた。しかし、それを生かせないもどかしさを今もって感じているところに課題の大きさがうかがえる。今風の事情でいえば、年間廃業社数約30万社のうち、約7万社強が後継者難のために事業継続を断念しているというデータがある。

その理由は、子どもたちに事業を継ぐ意思がない、あるいは役員や従業員からも選ぶことが難しく、仮に意欲的な人がいたとしても自社株式を買い取るほどの資金力が不足しているなど多様である。

情緒面への配慮（中小零細企業の場合）
事業承継の難しさに直面している経営者がいる場合、その対応策を経営面や税制面などの視点からアドバイスするのもプライベートバンカーの役割といえよう。そうした経営者の多くに共通して、「私の話（気持ち）を聞いてくれ」というニーズが見られる。自社株式の評価額がいくらかといった数量的分析の前に、経営に対する想いや創業の理念、従業員の雇用の維持など義理人情的な側面がクローズアップされがちなのが中小零細企業の特色といえ

る。

　大企業の経営者にもこれと類似した部分があると思うが、一般的に市場経済の合理的な考え方に基づいたドライな経営判断をする経営者が多い。例えば、M&Aで企業を売却する場合も、譲渡価額の条件が最優先となったりする。

　そのあたりに大企業とは違う中小零細企業のサスティナビリティを考えるうえでの特性がある。

2-2. 自社株という資産の意味

（1）事業承継の準備

　事業承継には、経営権と財産権の承継という二面性があり、一方だけを切り離して解決できないという特徴がある。そのため、事業承継の準備として、次のことを押さえておく必要がある。

【事業承継の準備】
- ◆後継者の教育など後継者対策
- ◆株主の事業支配など経営権の承継と事業の舵取り
- ◆節税・納税を意識した自社株の株価対策など
- ◆合併や事業譲渡などをにらんだ事業再編対策

つまり、自社株を保有する割合や財産としての評価額が事業承継の準備に際して大きな意味を持つことになる。

(2) 相続財産における自社株の特徴

相続財産に占める自社株のウエートは高く、次のような特徴がある。

【相続財産における自社株の特徴】

- ◆換金性がない、または著しく低い。
- ◆議決権の保有割合に応じた発言権を持つ。
- ◆相続税評価額が高い。

(3) 自社株対策

相続財産における自社株の特徴から、自社株対策が必要となるケースが多いと思われる。その際、次のような要因がないかどうかを確認しておくとよい。こうした要因を解決しないと、円滑な事業承継が妨げられることがある。

【自社株対策を検討する際に考慮すべき要因】

- ◆業績が好調で、業歴が古いと含み益が高額で自社株式の評価額が高い。
- ◆多額の納税資金の準備が必要となる。
- ◆経営に関与しない相続人への財産分割への配慮が伴う。
- ◆財産分割において、不動産や預金が事業資金の借入に際し担保などで拘束されている。

（4）経営承継円滑化法

経営承継円滑化法（平成20年10月１日施行）は、上記の課題に対応するために創設された。これと連動して事業承継税制にも見直しがなされ、①相続税額の80％納税猶予、②後継者が親族である先代経営者から一括で非上場株式等の贈与を受けた場合の贈与税の納税猶予制度――が平成21年度の税制改正で誕生した（詳細はp.91「2-3事業承継と中小企業経営承継円滑化法」を参照）。

（5）株式評価

中小零細企業にとって関心の高いテクニカルなニーズは、株式評価の手順の確認である。上場株式のように市場で価格が形成されないため、複雑な面があることは確かである。その手順を簡単に整理すると、①会社規模の区分を確認する、②株主が同族株主かそうでないかという株主判定を行う、③それによって評価方法を決定する――となる。

評価方法には原則的評価方式と特例的評価方式がある。

原則的評価方式

原則的評価方式には下記の３つの区分がある。

【原則的評価方式の３つの区分】

- ◆純資産価額方式による評価
- ◆類似業種比準価額方式による評価
- ◆これらの折衷方式による評価

特例的評価方式

　特例的評価方式の場合は、配当還元方式による評価を行うことになる。具体的な評価については、税理士などの専門家への依頼をすすめることになるが、自社で研究したいという場合、計算ソフトが比較的廉価で市販されているので、そうした情報を提供するのもよいであろう。

会社判定と株主判定

　取引相場のない未上場会社の株式評価は、会社判定と株主判定の組み合わせによって評価方法が決まる。会社判定は、「一般の評価会社」か「特定の評価会社」かの区分を行い、一般の評価会社の場合、従業員数、総資産価額（帳簿価額）、取引金額の3要素を組み合わせて会社規模を6種類に判定する。その判定区分は図表2-1のとおり。

　特定の評価会社は、清算中の会社、土地保有特定会社など一定の定義のもとに評価法が決まっている。次に、株主判定として、同族株主のいる会社であるかどうか、それぞれの株主とその株主グループの保有する議決権をもとに原則的評価方式か特例的評価方式かが決まる（図表2-2、図表2-3参照）。

図表 2-1　会社規模の判定区分

会社の規模		従業員数	純資産価額（帳簿価額）			年間の取引金額		
			卸売業	小売・サービス業	その他の事業	卸売業	小売・サービス業	その他の事業
大会社		100人以上	—	—	—	—	—	—
		50人超	20億円以上	10億円以上	10億円以上	80億円以上	20億円以上	20億円以上
中会社	大	50人超	14億円以上	7億円以上	7億円以上	80億円未満 50億円以上	20億円未満 12億円以上	20億円未満 14億円以上
	中	30人超	7億円以上	4億円以上	4億円以上	50億円未満 25億円以上	12億円未満 6億円以上	14億円未満 7億円以上
	小	5人超	7,000万円以上	4,000万円以上	5,000万円以上	25億円未満 2億円以上	6億円未満 6,000万円以上	7億円未満 8,000万円以上
小会社		5人以下	7,000万円未満	4,000万円未満	5,000万円未満	2億円未満	6,000万円未満	8,000万円未満

figure 2-2 株主による判定区分

会社区分	取得者区分				評価方式
	同族グループ単位	個人単位			
同族株主のいる会社	同族株主	取得後の議決権割合5％以上			原則的評価方式
		取得後の議決権割合5％未満	中心的な同族株主がいない場合		
			中心的な同族株主がいる場合	中心的な同族株主	
				役員	
				その他	特例的評価方式
	同族株主以外				
同族株主のいない会社	議決権割合の合計が15％以上のグループに属する株主	取得後の議決権割合5％以上			原則的評価方式
		取得後の議決権割合5％未満	中心的な株主がいない場合		
			中心的な株主がいる場合	役員	
				その他	特例的評価方式
	議決権割合の合計15％未満				

figure 2-3 評価方式の種類

原則的評価方式	類似業種比準方式	評価会社と事業内容が類似する上場企業の株価、配当、利益、薄価純資産をベースに自社株を評価する方式
	純資産価額方式	所有資産の相続税評価額ベースの純資産価額により自社株を評価する方式
	上記2方式の併用方式	上記2方式の加重平均値により評価額を算出する方式
特例的評価方式	配当還元方式	2年間の配当実績値に基づき自社株を評価する方式

① 会社判定

図表2-4にまとめたように、一般の評価会社か特定の評価会社かの区分けを行う。特定の評価会社は、精算中の会社、開業前・休業中の会社など6種類あり、複雑なのは土地保有特定会社、株式保有特定会社で、土地保有特定会社における大会社は土地割合が70％以上、中会社は90％以上、小会社は卸売業、小売・サービス業などの区分と総資産価額との関係で判定される。

株式保有特定会社における大会社は株式割合が25％以上、中・小会社は50％以上となる。表中の「評価額＝S1＋S2」は簡便方式といい、一定の適用条件により算定する。なお、一般の評価会社の場合、図表2-3の評価方法

図表 2-4 評価方法のまとめ

会社区分			区 分		評 価 方 法	
特定の評価会社	清算中の会社		—	清算分配見込額	課税時期において清算手続に入っている会社
	開業前・休業中の会社		—	A	開業前または休業中の会社
	開業3年未満の会社		原 則	A	開業後3年未満の会社または直前期末における比準要素のいずれもがゼロの会社
			特 例	C	
	土地保有特定会社		原 則	A	
			特 例	C	
	株式保有特定会社		原 則	Aまたは簡便方式（S1＋S2）の低いほう	
			特 例	C	
	比準要素数1の会社		原 則	Aまたは（B×0.25＋A×0.75）の低いほう	
			特 例	C	
一般の評価会社	原則的評価方法	大 会 社		AまたはBの低いほう	
		中会社	大	L＝0.9	（AまたはB）×L＋A×（1－L）
			中	L＝0.75	（AまたはB）×L＋A×（1－L）
			小	L＝0.6	（AまたはB）×L＋A×（1－L）
		小 会 社		Aまたは（AまたはB）×0.5＋A×0.5の低いほう	
	特例的評価方法			C	

(参考) 土地保有特定会社の会社区分

	土地保有割合				
大会社	70%以上				
中会社	90%以上				
小会社	純資産価額			土地保有割合	
	卸売業	小売・サービス業	卸売・小売サービス業以外		
	20億円以上	10億円以上	10億円以上	70%以上	
	7,000万円以上20億円未満	4,000万円以上10億円未満	5,000万円以上10億円未満	90%以上	
	7,000万円未満	4,000万円未満	5,000万円未満		→ 適用除外

上の3区分（大会社・中会社・小会社の上2行）→ 土地保有特定会社に該当

(注) 記号および評価方法の補足説明
◆A：純資産価額方式　B：類似業種比準価額方式　C：配当還元方式
◆$\boxed{A}$：同族株主の議決権割合が50%以下のときは「A×80%」とすることができる。
◆AがBより低い場合、Aとする。ただし、同族株主等の議決権割合が50%以下でも「A×80%」としない。
◆比準要素とは、課税時期の直前の期末を基準とした類似業種の「1株当たりの配当金額・利益金額・純資産価額」の3要素を指す。3比準要素中2要素がゼロであり、かつ直前々期末を基準とする場合でも2比準要素以上がゼロである会社の株式を比準要素1の会社という。
◆特例的評価方法（配当還元方式）

$$評価額 = \frac{その株式に係る年配当金額}{10\%} \times \frac{その株式の1株当たりの資本金の額}{50円}$$

・上記年配当金額が2円50銭未満である場合や無配の場合は、2円50銭とする。
・上記年配当金額は1株当たりの資本金の額を50円とした場合の金額で、直前期末以前2年間の配当金額の平均によって求める。

◆簡便方式
評価額＝S1＋S2
・S1：株式保有特定会社の株式について原則的評価方式（類似業種比準方式、純資産価額方式、併用方式のいずれか）を一定の条件の下で当てはめて計算した額。
・S2：以下の計算式で求められる額。

$$\frac{\begin{pmatrix}株式等の価額\\の合計額\\(相続税評価額)\end{pmatrix} - \left\{\begin{pmatrix}株式等の価額\\の合計額\\(相続税評価額)\end{pmatrix} - \begin{pmatrix}株式等の価額\\の合計額\\(簿価)\end{pmatrix}\right\} \times \begin{pmatrix}法人税等\\相当額\\(42\%)\end{pmatrix}}{課税時期の発行済株式数}$$

が適用され、会社規模が大きいほど図表2-4の原則的評価方法の計算式にあるように類似業種比準価額を使用する割合が大きくなる。

② 株主判定

株式取得者の区分（図表2-2）は、その株式を取得する者が経営支配権のある同族株主等の場合は原則的評価方式、経営支配権のない同族株主等以外の株主が取得した場合は特例的評価方式となる。この場合、配当還元方式で評価額を算定し、原則的評価方式による評価額のほうが低い場合は原則的評価方式による価額とする。

(a) 同族株主

同族株主とは、株主の1人およびその同族関係者の有する議決権の合計数がその会社の議決権総数の30％（筆頭株主が50％超の場合には50％超）以上である場合の当該株主およびその同族関係者のことである。

(b) 中心的な同族株主

中心的な同族株主とは、同族株主のうち1人ならびにその株主の配偶者、直系血族、兄弟姉妹および一親等の姻族（持株関係会社を含む）の有する議決権の合計数がその会社の議決権総数の25％以上ある場合におけるその株主をいう。

(c) 中心的な株主

中心的な株主とは、同族株主のいない会社の株主の1人およびその同族関係者の有する株式の合計数がその会社の議決権数の15％以上である株主グループに属する株主のうち、単独でその会社の議決権の10％以上の株式を所有している株主のことである。

③ 種類株式

発行する株式にさまざまな制約をつける（種類株式）ことも可能である。株主総会での議決権が制限された議決権制限株式、特定の事項について、株主総会の決議のほかに、その種類株式を有する株主の承認決議が必要となる株式（拒否権を有する状態になるため、黄金株式とも呼ばれている）、また、

株式ではなく株主に着目し、議決権や配当について株主ごとに異なる取扱いを行う株式を発行することもできる。目的に応じて株式の特質を定めることができるため、単に保有株式を多く持つことだけが会社の経営支配権を安定させるとは限らない時代になったといえる。

Short Story 事業承継の相談②

　早瀬が説明を終えると、場がざわめきだした。
　社長　早瀬さん、ありがとう。たぶん長男の一郎以外は初めて耳にすることばかりで、皆、面食らっているはずだ。
　長女　自社株式の財産評価の仕組みがあることがわかったわ。お父さんの財産分けという場合は、自社株式も含めて考えることになるんですね。
　早瀬　そのとおりです。法定相続人の一郎さん（長男）、次郎さん（次男）、和子さん（長女）が継承することになります。
　姪　私たち兄弟は、伯父さんの財産を引き継ぐことはできないんですね。
　早瀬　社長がご遺言を準備したり、贈与することで引き継ぎは可能です。また、死因贈与契約書で特定の人と自分が亡くなったらこの財産を贈与するといった契約も検討できます。もちろん、社長のお考えひとつですが。
　次男　株をたくさん持たないと経営で大きな発言力はないんですね。
　早瀬　そのとおりです。重要な議案の場合、株主総会で3分の2、つまり67％以上の賛成で決めることができます。
　次男　ということは、社長と兄の持分だけで8割だから、2人で何でも取り決めることができるわけですよね。私が他の株主と反旗を翻そうとしても何もできないということだなぁ。
　社長　おいおい、そんな物騒なこといわないでほしいよ。
　長男　花子さんは配当金のことをいっていたけど、会社の業績も順調だし、お父さんどうですか。
　社長　うちのような中小零細企業ではどうかと思うけど、発言力がないうえ、売るに売れないんだから、財産価値を感じにくいだろうなぁ。
　早瀬　今日は、あまり踏み込んだお話を申しあげるつもりはなかったのですが、種類株式の活用が考えられます……。

　　　　　　　　　　　　　　　　　　　　　　　　　　　（つづく）

（6）種類株式の活用

　オーナー経営者からよくある相談の1つに、「自分が所有している株式を息子に相続させるつもりだが、会社の経営に関係のない親族にも株式が行き渡るため、息子が円滑に会社を経営できるかどうか心配です」という内容のものがある。中小企業オーナーにとって、相続などで自社の株式を誰に継承するかは大きな経営課題となる。

株式制度の規制緩和
　新会社法が平成18年5月から施行されたことにより、これまで商法や有限会社法などさまざまな法律に分散していた会社に関する規定が1つにまとめられ、内容も改正されて体系的でわかりやすい法律になった。改正点の1つに株式制度の規制緩和があり、発行する株式にさまざまな制約をつける種類株式が事業承継に活用できると注目されている。

自社株式を相続する際の課題
　図表2-5のように、Aの所有する株式を後継者Bを含む3人が相続する場合、民法上の権利ということでB、C、Dに均等に相続すると、後継者ではないCとDにも株式が分散し、後継者Bの経営は不安定になる。仮にBだけが株式を相続すると、経営権をめぐる争いは起きにくいものの株式の評価額が大きければ大きいほど税負担が重くなり、CとDには株式以外の資産を相続させるなどの準備が必要となる。

株式譲渡制限会社
　中小企業の場合、上場会社と異なり株主が自社の株式を自由に売買できないよう譲渡制限をしているのが一般的である。相続や合併などで会社にとって好ましくない者に株式が分散することを未然に防ぐことができるというの

図表 2-5 　中小企業の株を相続する際の問題点

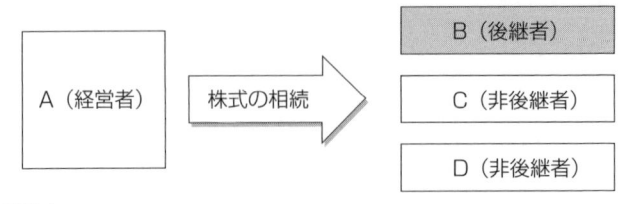

```
┌─────────┐              B（後継者）
│         │  株式の相続
│ A（経営者）│  ────▶   C（非後継者）
│         │
└─────────┘              D（非後継者）
```

(問題点)
①株式の分散で経営が不安定になるかもしれない。
②Bにすべての株式を相続するとC、Dには株式以外の資産が必要となる。

がその理由であり、そうした会社を**株式譲渡制限会社**という。

議決権制限株式の発行量

　さて、株主には株主総会での議決権や配当金をもらう権利などがある。特に経営方針などについての議決権を制限できる**議決権制限株式の発行量**は、これまでは発行済株式総数の2分の1までという制限があったが、新会社法では、この発行限度が撤廃された。図表2-5で説明すると、CとDは配当金をもらう権利はあるが、議決権のない種類株式を持ってもらうことも検討できるわけである。

定款によるリスク回避

　議決権制限付株式の発行など経営安定のために対応をしても、Bが乱脈経営を行って、本来ならCさんとDさんが配当金を受けとれる財産権が侵害されることも考えられる。そのような場合に、議決権のなかったCとDの株式に議決権が生じる仕組みにしておくこともできる。
　また、相続や合併などで株式を取得した者に対して、会社がその株式を売り渡すように請求できる旨を定款で定めることもできる。もっとも、会社が

そうした売渡請求を行う場合には、請求期限や売買価格、財源の規制があることに注意する。特に中小零細企業においては定款や譲渡制限規定に無頓着なケースも多く、この点に気を配ることもプライベートバンカーに求められるスキルといえる。

Short Story 事業承継の相談③

早瀬が種類株式の説明を終えると、長男の一郎が口を開いた。

長男 社長、今気づいたのですが、早瀬さんの話にあった定款とか譲渡制限規定についてしっかりと確認しておきたいですね。

社長 それは確かに大切なことだ。わが社は今までそういうことに無頓着だったから。早瀬さん、買取請求できること、定款に定めておかないといけないですね。

甥 私たち兄妹が株を持っているのは、譲渡制限規定がなかったからですね。

早瀬 その当時の取扱いはたぶんそういうことですね。

甥 私としては、会社に買い取ってもらえるといいのですが……。

社長 太郎君（甥）がそういうのであれば、税理士の大坂先生と相談しておくよ。

長女 ところで、早瀬さん。先ほどの話に少し戻りますが、株式の譲渡制限とか相続人に対する売渡請求、それに種類株式のこと、もう一度整理して説明してもらえませんか。

早瀬 わかりました。中小企業庁が発行している『中小企業　事業承継ハンドブック』を参考にご説明しましょう。コピーをご用意しましたので、どうぞ、皆さんに差し上げます。

（つづく）

【参考：事業承継に関する専門用語】

◆株式の譲渡制限

　定款で、株式を譲渡する場合には会社の承認が必要とすれば、自社株式の分散を防ぐことができる。

＊新たにこの制度を導入する定款変更のためには、株主総会の特殊決議（総株主の人数の半数以上で、かつ、総株主の議決権の3分の2以上の賛成）が必要になる。

◆相続人に対する売渡請求

　株式の譲渡制限を行っても、相続や合併による取得には適用されないので、相続などによる分散を防ぐため、定款を変更して、株式を相続した株主に対して会社がその売渡しを請求できるようにするというもの。

＊この定款変更には株主総会の特別決議（議決権の3分の2以上を有する株主の賛成）が必要で、売渡請求をする場合にも、その都度、特別決議が必要である。また、経営者が死亡して自社株式を後継者が相続した場合にも、会社から売渡請求がなされる可能性がある。

◆種類株式

　株式会社は、普通株式のほかに、種類株式（剰余金の配当、議決権などの権利内容の異なる株式）を発行することができるが、自社株式（議決権）の集中や分散防止に活用できるのは、①議決権制限株式、②拒否権付株式（黄金株）など。

① 議決権制限株式

　議決権制限株式（株主総会での議決権の全部または一部が制限されている株式）を活用して、後継者には議決権のある株式を、それ以外の相続人には議決権のない株式を、それぞれ取得させて、後継者に議決権を集中させることが考えられる。

＊議決権のない株式の株主は、基本的に会社からの配当を期待するしかないので、非後継者に納得してもらうには、優先的に配当を実施するなどの配慮が必要となる。

② 拒否権付株式（黄金株）

経営者が、自社株式の大部分を後継者に譲るけれども不安が残る、という場合には、経営者が拒否権付株式（一定の事項について、株主総会決議のために、必ず、拒否権付株式の株主総会決議が必要、という株式）を保有し、後継者の経営に助言を与えられる余地を残しておく、といった方法がある。

＊経営者と後継者の間で意見の対立が生ずると、どちらの議案も可決できない状態に陥る危険性があるので注意が必要。また、拒否権付株式は強い効力を有するので、万が一にも他の人の手に渡ることのないよう、できれば前経営者の生前に消却するとよい。

（注）一定の事由が生じたときに会社がその株式を株主の同意なしに買い取ることができる取得条項付株式の活用や、全株式に譲渡制限がなされている会社においては議決権や配当などについて株主ごとに異なる取扱いをすることにより対応することもできる。

※中小企業庁『中小企業　事業承継ハンドブック』より抜粋（一部修正）

2-3. 事業承継と中小企業経営承継円滑化法

　事業承継とは、一言でいえば、自社の株式を後継者に承継することである。自社株には、経営支配と財産的価値という特質があり、おのずと会社法と民

法の考え方の調整が必要になってくる。十分とはいえないものの、中小企業経営承継円滑化法（以下、円滑化法）と自社株の相続税納税猶予制度がその役割を担うことになった。同法のポイントは以下の3点である。

【中小企業経営承継円滑化法のポイント】

◆民法の遺留分特例
◆自社株の納税猶予（詳細は税法で規定）
◆金融機関に対し事業承継融資するよう推進

いずれも、事業承継のネックとなっていた事項が改定されたが、実務面では、要件が厳しいわりにメリットが小さいといった評価が聞かれる。例えば、向こう5年間雇用の8割以上を維持することが必要だが、100名規模の中小企業であれば、不況期には20％程度の合理化は避けられないこともあり、こうした要件をリスクとして抱えるなら、むしろ相続税を払ったほうがよいと経営判断する社長もいるようである。

（1）民法の遺留分特例

民法には、法定相続人に最低限保障された相続権の割合があり、これを遺留分という。これは、遺言によって遺産の配分が少なかった場合、「最低限の分け前をくれ」と主張できる権利（遺留分の減殺請求権）で、一定の要件のもとで家庭裁判所に申立てることができる。

遺留分は相続時の財産だけでなく、生前贈与された財産も含めて計算する。そのため、生前に自社株を後継者に贈与した場合、遺言を書いていてもそのとおりになるとは言い切れず、後継者の支配権に支障が生じる恐れもある。

そこで円滑化法では、後継者が生前贈与された自社株を遺留分の計算から

第2章 オーナー経営者へのアプローチとポイント

図表 2-6　除外合意と固定合意

除外合意

	不動産	Y社自社株式	
A→B 自社株式贈与	3,000万円 A	3,000万円 B	A：現在のオーナー B、C、D：法定相続人 B：事業承継者
↓除外合意↓		除外	
株式価額上昇 A死亡	3,000万円 A	1億2,000万円 B	

基礎財産

遺留分 $\frac{1}{6}$ $\frac{1}{6}$
　　　　C　D
　　　500万円ずつ

固定合意

	不動産	Y社自社株式	
A→B 自社株式贈与	3,000万円 A	3,000万円 B	A：現在のオーナー B、C、D：法定相続人 B：事業承継者
↓固定合意↓		固定	
株式価額上昇 A死亡	3,000万円 A	(3,000万円)　1億2,000万円　B（9,000万円増加分）	

基礎財産6,000万円

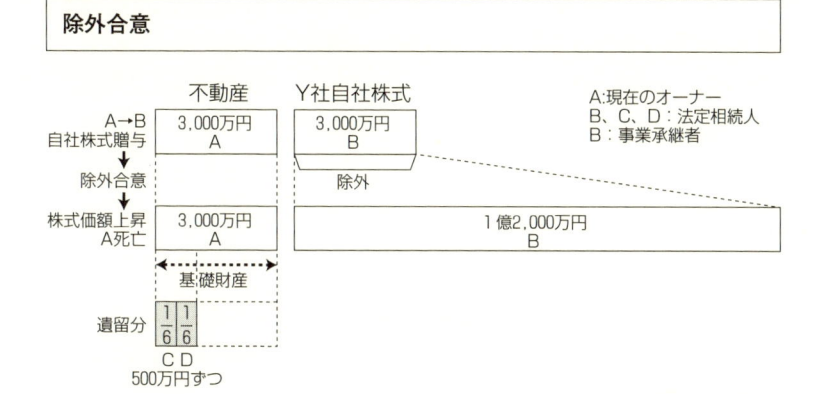

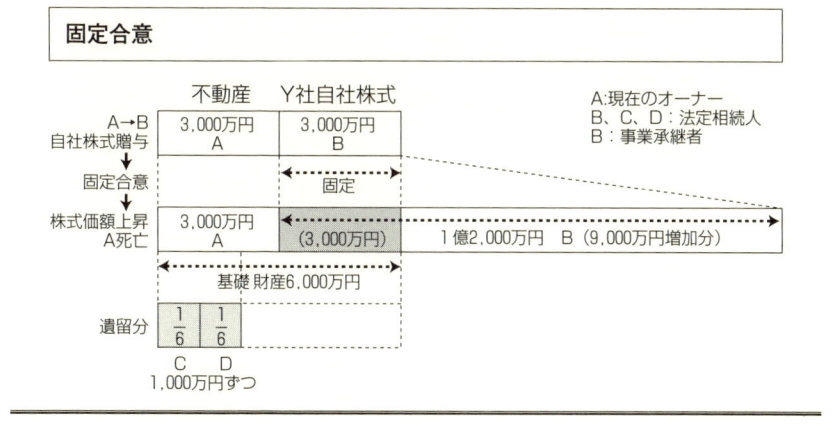

遺留分 $\frac{1}{6}$ $\frac{1}{6}$
　　　　C　D
　　　1,000万円ずつ

除外したり（除外合意）、贈与時の評価額に固定して計算できる仕組み（固定合意）を設けた。図表2-6に示すとおり、いずれの場合も、生前贈与後に自社株の資産価値が大きくなっても遺留分を少額にとどめることができ、株式の分散を防ぐ効果が期待できる。

除外合意

　除外合意の図でいえば、Aが亡くなったときにはY社株式の価値が4倍の1億2,000万円になっている。この場合、通常であれば、Aの遺留分算定の基礎財産は1億5,000万円で、B、C、Dの法定相続分は各5,000万円となる。事業承継者ではないC、Dの遺留分（法定相続人が子どもの場合、法定相続分の2分の1）は、合計で5,000万円になる。そうすると、C、Dが不動産を取得しただけでは遺留分に2,000万円不足なので、Bは自社株式のうち2,000万円相当をC、Dに分けるか、現金などで2,000万円相当の資産を渡さなければならない。それを避けることができるのが除外合意である。

固定合意

　一方、固定合意の場合、自社株式の価額を3,000万円に固定することができれば、その結果、遺留分は固定された価額で計算されるので、事業承継者であるBは自社株式価額の上昇分を確保できることになる。
　ただし、これら除外合意、固定合意の制度を活用するには、相続人全員の事前合意が必要で、実質的には、生前の遺産分割協議と同じ効果を持ち、法定相続人間で円満な話し合いができるかどうかがカギとなる。

合意書の作成

　固定合意や除外合意の手続きをする際、合意書を作成する。参考までに合意書のイメージを図表2-7に示す。手続きは、社長の生前に遺産分割協議を法定相続人でするようなものなので、社長の資産内容などを十分に理解したうえで、弁護士などの専門家に相談することが必然的に多くなる。

（2）自社株の相続税納税猶予制度

　平成21年度税制改革において事業承継税制が抜本拡充され、非上場株式等

図表 2-7　合意書の1つのイメージ

合　意　書

　旧代表者Ａの遺留分を有する推定相続人であるＢ、Ｃ及びＤは、中小企業における経営の承継の円滑化に関する法律（以下、単に「法」という）に基づき、以下のとおり合意する。

（目的―法7条1項1号）
第1条　本件合意は、ＢがＡからの贈与により取得したＹ社の株式につき遺留分の算定に係る合意等をすることにより、Ｙ社の経営の承継の円滑化を図ることを目的とする。

（確認―法3条2項及び3項）
第2条　Ｂ、Ｃ及びＤは、次の各事項を相互に確認する。
①　ＡがＹ社の代表取締役であったこと。
②　Ｂ、Ｃ及びＤがいずれもＡの推定相続人であり、かつ、これらの者以外にＡの推定相続人が存在しないこと。
③　Ｂが、現在、Ｙ社の総株主（但し、株主総会において決議をすることができる事項の全部につき議決権を行使することができない株主を除く）の議決権○○個の過半数である○○個を保有していること。
④　Ｂが、現在、Ｙ社の代表取締役であること。

（除外合意、固定合意―法4条1項1号及び2号）
第3条　Ｂ、Ｃ及びＤは、ＢがＡからの平成○○年○○月○○日付け贈与により取得したＹ社の株式○○株について、次のとおり合意する。
①　上記○○株うち□□株について、Ａを被相続人とする相続に際し、その価額を遺留分を算定するための財産の価額に算入しない。
②　上記○○株うち△△株について、Ａを被相続人とする相続に際し、遺留分を算定するための財産の価額に算入すべき価額を○○○○円（1株あたり☆☆☆円。弁護士××××が相当な価額として証明をしたもの。）とする。

（衡平を図るための措置―法6条）
第4条　Ｂ、Ｃ及びＤは、Ａの推定相続人間の衡平を図るための措置として、次の贈与の全部について、Ａを被相続人とする相続に際し、その価額を遺留分を算定するための財産の価額に算入しないことを合意する。
①　ＣがＡから平成○○年○○月○○日付け贈与により取得した現金1,000万円
②　ＤがＡから平成○○年○○月○○日付け贈与により取得した下記の土地

○○所在○○番○○宅地○○㎡

（後継者以外の推定相続人がとることができる措置—法4条3項）
第5条　Bが第3条の合意の対象とした株式を処分したときは、C及びDは、Bに対し、それぞれ、Bが処分した株式数に○○○万円を乗じて得た金額を請求できるものとする。
2　BがAの生存中にY社の代表取締役を退任したときは、C及びDは、Bに対し、それぞれ○○○万円を請求できるものとする。
3　前二項のいずれかに該当したときは、C及びDは、共同して、本件合意を解除することができる。
4　前項の規定により本件合意が解除されたときであっても、第1項又は第2項の金員の請求を妨げない。

（経済産業大臣の確認—法7条）
第6条　Bは、本件合意の成立後1ヵ月以内に、法7条所定の経済産業大臣の確認の申請をするものとする。
2　C及びDは、前項の確認申請手続に必要な書類の収集、提出等、Bの同確認申請手続に協力するものとする。

（家庭裁判所の許可—法8条）
第7条　Bは、前条の経済産業大臣の確認を受けたときは、当該確認を受けた日から1ヵ月以内に、第3条及び第4条の合意につき、管轄家庭裁判所に対し、法8条所定の許可審判の申立をするものとする。
2　C及びDは、前項の許可審判申立手続に必要な書類の収集、提出等、Bの同許可審判手続に協力するものとする。

出所：中小企業庁『中小企業　事業承継ハンドブック』より抜粋

に係る課税価格の80％に対応する相続税の納税猶予制度が創設された。従来、後継者が自社株を相続した場合、10％の軽減措置だったものが、一定の要件のもとでその後継者が納付すべき相続税のうち、その株式等に係る課税価格の80％に対応する相続税の納税が猶予されるというものである。円滑化法における経済産業大臣の認定をうけた非上場中小企業の株式等が対象になり、同法の施行日（平成20年10月1日）に遡及適用される（**図表2-8参照**）。

　なお、この制度を顧客に説明する際、願望や期待から80％の納税免除だと

第2章 オーナー経営者へのアプローチとポイント

図表 2-8　新しい事業承継制度の概要

1．取引相場のない株式等に係る相続税の納税猶予制度
(1) 概要

　経営承継相続人が相続等により「中小企業における経営の承継の円滑化に関する法律」に基づき経済産業大臣の認定を受けた非上場会社の議決権株式等を取得した場合、その経営承継相続人が納付すべき相続税額のうち、その議決権株式等（相続開始前から既に保有していた議決権株式等を含め、発行済議決権株式等の総数等の3分の2までの部分に限ります。以下「特例適用株式等」といいます。）に係る課税価格の80％に対応する相続税額について、その経営承継相続人の死亡等の日まで納税猶予します。

　（注1）　経営承継相続人とは「中小企業における経営の承継の円滑化に関する法律施行規則」に規定する経営承継相続人をいう。
　（注2）　経営承継相続人は、経済産業大臣の認定の有効期間（5年間）内は毎年、その後は3年毎に継続届出書を税務署長に提出しなければならない。

新しい事業承継税制の概要

「中小企業における経営の承継の円滑化に関する法律」（20年5月9日成立、20年10月1日施行）に基づく経済産業大臣の関与

10ヵ月間　　5年間

※遺留分特例の大臣確認とは別制度

経産大臣の確認　事業承継の計画的な取組み

相続開始 → 経産大臣の認定（・会社、後継者に関する要件の判定）→ 申告期限 → 事業の継続（・代表者であること ・株式の保有継続 ・雇用の8割維持）→ 株式の保有継続 → 後継者の死亡等

申告、担保提供 ↓
後継者の相続税額のうち議決権株式（相続後で発行済議決権株式の2/3に達するまで）の 80% に対応する相続税の納税を猶予

要件を満たさなくなった場合 ↓
全額納付

株式を譲渡等した場合 ↓
譲渡等した部分に対応する猶予税額を納付

後継者の死亡等 ↓
猶予税額の免除

出所：政府税制調査会資料より抜粋

勘違いするケースがある。

適用の要件

この制度の適用を受けるためには、相続開始前に、会社が計画的な事業承継に係る取組みを行っていることについての経済産業大臣の認定が必要である。そのための要件は次のとおり。

【自社株の相続税猶予制度認定の要件】

> 相続税の申告期限後5年間は、
> ◆代表者であること
> ◆株式の保有継続
> ◆雇用の8割維持
> などの要件を満たすことが必要である。

申請時に認定が認められても、所定の要件を満たすことができなくなると、相続税の納税猶予が取り消されるだけでなく、相続税に原則年3.6％の利子税が加算されることになる。申請をする際は、計画的な準備が求められる。

対象となる中小企業の範囲

納税猶予制度の対象となる中小企業の範囲は、円滑化法に規定されており、具体的には図表2-9のとおり。既存の中小企業支援法と同様に業種の実態を踏まえて、政令によりその範囲を中小企業基本法上の中小企業の範囲から拡大している。

なお、非上場株式等に係る相続税の80％納税猶予制度の適用要件のベースとなるものが経営承継円滑化法施行規則（経済産業省令）において定められている。これらの要件は、あくまで非上場株式等に係る80％納税猶予制度の

図表 2-9　納税猶予制度の対象となる中小企業の範囲

中小企業基本法上の中小企業の定義

	資本金	従業員数
		または
製造業その他	3億円以下	300人以下
卸売業	1億円以下	100人以下
小売業	5千万円以下	50人以下
サービス業		100人以下

政令により範囲を拡大した業種

	資本金	従業員数
		または
ゴム製品製造業（自動車または航空機用タイヤおよびチューブ製造業ならびに工業用ベルト製造業を除く）	3億円以下	900人以下
ソフトウェア・情報処理サービス業	3億円以下	300人以下
旅館業	5千万円以下	200人以下

適用要件のベースである経済産業大臣の認定要件である。この納税猶予制度の具体的な要件は、平成21年度税制改正で決定されている。

筆頭株主が2人以上いる場合

筆頭株主が2人以上いる場合については、図表2-10に示した代表的な例にあるように、1つの会社について適用対象になるのは1人だけである。ほかにもさまざまなケースが想定されるが、個別の案件については、顧客が税理士等の専門家に相談することになる。

図表 2-10　事業承継税制の前提となる経済産業大臣の認定について

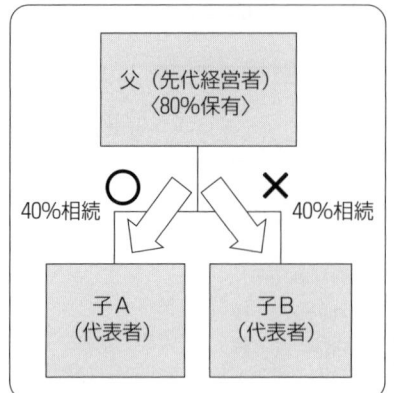

【左上の図】
- 父（先代経営者）〈80%保有〉
- 40%相続 ○ → 子A（代表者）
- 40%相続 × → 子B（代表者）

会社が兄弟のなかから後継者（子A）として1人を選ぶと、父の相続については、大臣の認定の対象となります。

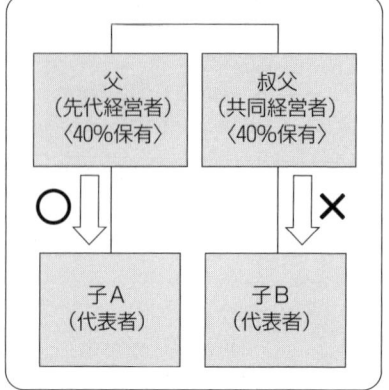

【右上の図】
- 父（先代経営者）〈40%保有〉／叔父（共同経営者）〈40%保有〉
- ○ → 子A（代表者）
- × → 子B（代表者）

会社が後継者（子A）を1人選ぶと、父の相続については、大臣の認定の対象となります。（この場合、叔父から子Bへの相続については、大臣の認定の対象となりません。）

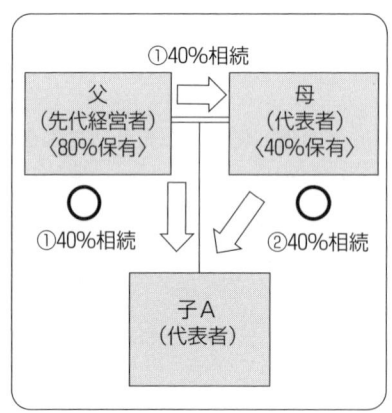

【左下の図】
- 父（先代経営者）〈80%保有〉 ①40%相続→ 母（代表者）〈40%保有〉
- ①40%相続 ○、②40%相続 ○ → 子A（代表者）

会社が後継者（子A）を1人選ぶと、父および母の相続については、それぞれ大臣の認定の対象となります。

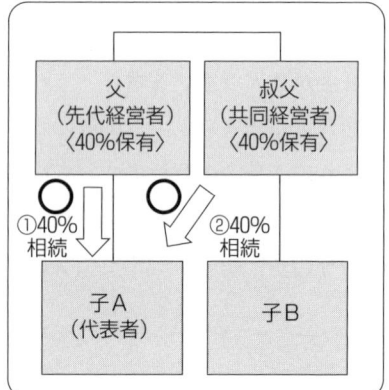

【右下の図】
- 父（先代経営者）〈40%保有〉／叔父（共同経営者）〈40%保有〉
- ①40%相続 ○、②40%相続 ○ → 子A（代表者）
- 子B

会社が後継者を1人（子A）を選ぶと、父および叔父の相続については、それぞれ大臣の認定の対象となります。

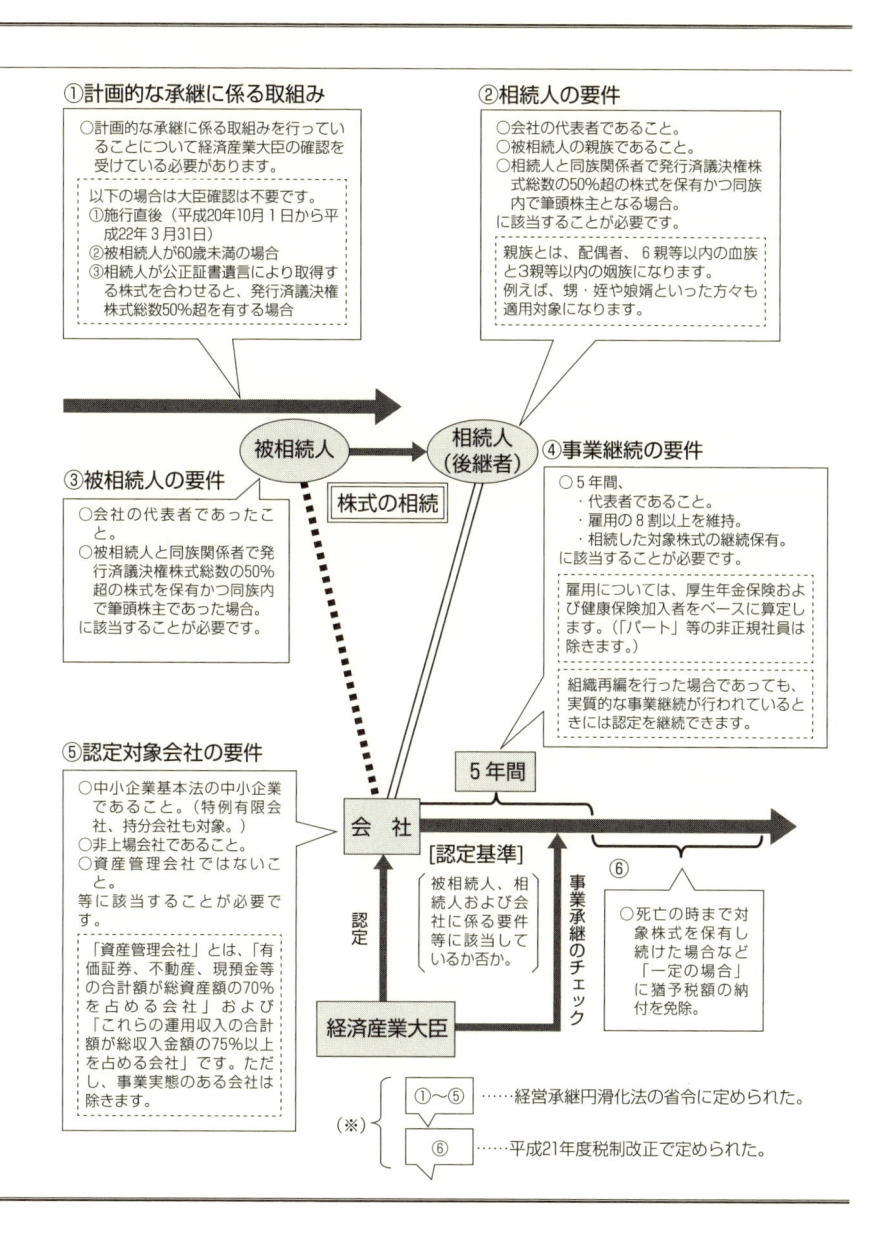

第2章 オーナー経営者へのアプローチとポイント

①計画的な承継に係る取組み
○計画的な承継に係る取組みを行っていることについて経済産業大臣の確認を受けている必要があります。
以下の場合は大臣確認は不要です。
①施行直後（平成20年10月1日から平成22年3月31日）
②被相続人が60歳未満の場合
③相続人が公正証書遺言により取得する株式を合わせると、発行済議決権株式総数50％超を有する場合

②相続人の要件
○会社の代表者であること。
○被相続人の親族であること。
○相続人と同族関係者で発行済議決権株式総数の50％超の株式を保有かつ同族内で筆頭株主となる場合。
に該当することが必要です。

親族とは、配偶者、6親等以内の血族と3親等以内の姻族になります。
例えば、甥・姪や娘婿といった方々も適用対象になります。

被相続人 → 相続人（後継者）

株式の相続

③被相続人の要件
○会社の代表者であったこと。
○被相続人と同族関係者で発行済議決権株式総数の50％超の株式を保有かつ同族内で筆頭株主であった場合。
に該当することが必要です。

④事業継続の要件
○5年間、
・代表者であること。
・雇用の8割以上を維持。
・相続した対象株式の継続保有。
に該当することが必要です。

雇用については、厚生年金保険および健康保険加入者をベースに算定します。（「パート」等の非正規社員は除きます。）

組織再編を行った場合であっても、実質的な事業継続が行われているときには認定を継続できます。

⑤認定対象会社の要件
○中小企業基本法の中小企業であること。（特例有限会社、持分会社も対象。）
○非上場会社であること。
○資産管理会社ではないこと。
等に該当することが必要です。

「資産管理会社」とは、「有価証券、不動産、現預金等の合計額が総資産額の70％を占める会社」および「これらの運用収入の合計額が総収入金額の75％以上を占める会社」です。ただし、事業実態のある会社は除きます。

会社

5年間

[認定基準]
被相続人、相続人および会社に係る要件等に該当しているか否か。

認定

事業承継のチェック

経済産業大臣

⑥
○死亡の時まで対象株式を保有し続けた場合など「一定の場合」に猶予税額の納付を免除。

（※） ①～⑤ ……経営承継円滑化法の省令に定められた。
　　　 ⑥ ……平成21年度税制改正で定められた。

税額の計算

　経営承継相続人の相続税額は、下記の①で計算した相続税額から②の猶予税額を控除して納付税額を計算する。計算は次の3段階の手順によって行う。

①　第1段階

　相続税の納税猶予の適用がないものとして通常の相続税額の計算を行い、各相続人の相続税額を算出する。経営承継相続人以外の相続人の相続税額は、この段階で確定する。

②　経営承継相続人以外の相続人の取得財産は不変としたうえで、下記(イ)、(ロ)により計算したA−Bの差額が経営承継相続人の猶予税額となる。

(イ)　第2段階

　経営承継相続人が特例適用株式等（100％）のみを相続するものとして計算した場合の経営承継相続人の相続税額（Aとする）。

(ロ)　第3段階

　同様に経営承継相続人が、特例適用株式等（20％）のみを相続するものとして計算した場合の経営承継相続人の相続税額（Bとする）。

> **Short Story　事業承継の相談④**
>
> 　早瀬は、事業承継の課題について、準備していたテーマを話し終えた。正直なところ、ここまで踏み込んだ話をするとは思っていなかったが、それよりも驚いたのは、名ばかり役員の次男と長女、経営には関わっていない甥の太郎と姪の花子までが話を真剣に聞いていたことだった。大沢社長もそのことに満足しているようである。
>
> 　**社長**　早瀬さん。いろいろとご説明、ありがとうございます。今日のところは、あと1つだけ質問させてもらって終わりにしましょう。平成22年度の税制改正で、土地の評価で小規模宅地の課税価格の計算方法が見直されたそうですが、どのような内容なんですか。
>
> 　**早瀬**　そういえば、社長は、ご自身の土地を会社に貸与されていましたね。簡単にいえば、納税者にとっては厳しくなったといえます。資料がございま

すので、どうぞ、こちらです（**図表2-11**）。小規模宅地等の課税価格の計算の特例については、このような改正が行われました。

　今日の予定にはない質問であったが、富裕層ビジネスでは旬の話題である。資料を用意しておいたのは、早瀬の成長の証であろう。早瀬は、大沢社長に

図表 2-11　小規模宅地等の課税価格の計算の特例

	規制が強化される項目	適用対象から除外されるもの
①	居住または事業継続要件を満たさなかった場合	相続人等が相続税の申告期限まで事業または居住を継続しない宅地等（現行200㎡まで50％減額）は、適用対象から除外された。（〔事例1〕参照）
②	共有の宅地を相続した場合	1つの宅地等を共有で財産承継をした場合には、その取得者ごとに適用要件を判定することになった。
③	一棟の建物に居住用と貸付用がある場合	一棟の建物の敷地の用に供されている宅地等のうちに、特定居住用宅地等の要件に該当する部分とそれ以外の部分がある場合には、部分ごとに按分して軽減割合を計算することになった。
④	居住用建物が複数ある場合	被相続人等が居住の用に供していた宅地等〈特定居住用宅地等〉が複数存在する場合には、被相続人等が主として居住の用に供していた1つの宅地等のみに限り、この特例を適用することが明確化された。

〔事例1〕居住や事業を継続しない場合

改　正　前

宅地等		上限面積	軽減割合
事業用	事業継続	400㎡	▲80％
	非継続	200㎡	▲50％
	不動産貸付	200㎡	▲50％
居住用	居住継続	240㎡	▲80％
	非継続	200㎡	▲50％

⇨

改　正　後

宅地等		上限面積	軽減割合
事業用	事業継続	400㎡	▲80％
	不動産貸付	200㎡	▲50％
居住用	居住継続	240㎡	▲80％

改正により、非継続への軽減措置が廃止された

> 説明をしながら、この場で森沢社長の不安を取り除けないだろうかと思いめぐらしていた。その不安とは、株式をめぐる親族間の思惑である。
> 　説明を終えた早瀬は、森沢社長の力になれるならと一計を案じた。
> 　**早瀬**　短い時間でしたが、皆様のお考えを確認することができた有意義な会となりました。これまでの話と少し重なるところがあると思いますが、若干、補足させていただきます。
>
> （つづく）

2-4. 遺言書を活用した事業承継対策

　社長がオーナーの場合、将来の相続に備えて遺言書を書くかどうかでその後の事情が違ってくる。ここでは、①社長が遺言を書かず、事業承継対策を講じなかった場合、②「後継者にすべてを相続させる」との遺言書を書いた場合、③遺留分に配慮して遺言書を書いた場合——の３つのケースを想定し、それぞれどのようなことになるかを解説する。

（ケース１）
社長が遺言を書かず、事業承継対策を講じなかった場合

　会社の支配権は、株式の保有率で決まる。会社法では、総株主の議決権の過半数を保有する株主を支配株主と定義している。株主総会で決められる決議には、普通決議と特別決議さらに特殊な決議があり、会社の重要事項（【特別決議で決定される重要事項】を参照）を決める特別決議には議決権の過半数を有する株主が出席し、３分の２以上（67％以上）の賛成が必要とな

る。また、吸収合併契約等の承認やその発行する全部の株式の内容として譲渡制限規定を定款におく場合の定款変更等はさらに多数の賛成を要する。つまり、会社の支配権を盤石にするためには、過半数（51％）では足りず、少なくとも特別決議に対応できるだけの準備がいる。

【特別決議で決定される重要事項】

> 特別決議……67％以上　（３分の２以上）
> ① 定款変更
> ② 譲渡制限株式の会社による買受（買取請求・自己株式取得）
> ③ 相続人等に対する売渡請求
> ④ 株式併合
> ⑤ 非公開会社の募集株式発行（増資）
> ⑥ 監査役および累積投票で選任された取締役の解任
> ⑦ 資本金額の減少（減資）
> ⑧ 事業譲渡契約等の承認・合併・株式移転
> ⑨ 会社解散　など

㈱森沢産業の場合、社長が遺言書で株式を誰に相続させるか明確にしておかないと、遺産分割協議で決めることになる。仮に法定相続分どおりに分けるとすれば、社長の600株は法定相続人である子どもたち３人にそれぞれ200株ずつとなる。結果として、長男400株、長女・次男が各250株保有すると、後継者候補の長男の保有率は40％で、会社の支配権は盤石とはいえない。もっとも兄弟間で何のトラブルもなければ、３人で900株だから不安はない。

ところが、経営方針をめぐる対立などで長男が孤立すれば、残り600株を保有する勢力によって、代表取締役の選任や会社支配が可能になる。もっとも、理屈のうえでの話ではあるが――。

Short Story 事業承継の相談⑤

　早瀬が「森沢社長が遺言書を残さず、事業承継対策を講じなかった場合」どうなるかを説明した後、森沢社長が声を上げた。

　社長　これは重要なことだ。遺言書で私が株式の配分を決めておけば、お家騒動を免れることができるわけですね。

　早瀬　そのとおりです。遺言書の有無は重要で、遺留分の減殺請求権が行使されることもありますから。また、遺言書がない場合には、事前の固定合意、除外合意でトラブルを回避することができます。

　長女　会社を継続するためには、何だか父の財産は兄に集中することになるんですね。

　早瀬　株式については確かにそうかもしれませんが、社長の他の資産を引き継げるように、これから社長もお考えになるかもしれません。ところで、社長の個人名義ですが、事業用に活用しているもの、例えば、会社に賃貸している土地は、いかがでしょうか。前もって会社に買い取っていただき、社長はその代金を金融資産で運用するという形にすれば、会社と個人の関係がすっきりします。私どもの銀行で買取り資金の準備や運用のお手伝いをさせていただきます。また、社長が会社に貸し付けている1億円は、会社が借り入れて社長に返済するとか、甥の太郎さんも株式を手離してもよいとのことですから、この際、会社での買取りをご検討ください。

　社長　早瀬さんの商売上手にはいつも感心しますよ。このお話はぜひ具体化していただき、その後の青写真もご提案いただければありがたいですね。

　姪　私は、やはり配当金を少しでも期待したいので、株式に普段は議決権がなく配当金を優先的にもらえて、配当が困難な経営状態になったら議決権が生じる形の、先ほどの種類株式がほしいです。もし私が亡くなったら、株式を会社に買い取ってもらえれば父も不満はないでしょう。

　甥　私の株も、早瀬さんのお話のとおり、会社で買い取ってもらえればすっきりします。

　早瀬　会社で買い取ることもご長男が個人的に買うこともできます。そうなると、今後の課題がはっきりと見えてきましたね。

　全員の考えが、森沢社長にとって望ましい方向にまとまりつつある。もちろん、早瀬のビジネスも大きく前進した。いわば、Win-Winのビジネスを

実現しつつある。早瀬もほっと胸をなで下ろした。

(つづく)

(ケース２)
「後継者にすべて相続させる」との遺言書を書いた場合

遺言書の有効性
　この場合、遺言書は法的に有効である。ただし、法定相続人には法律上保障された相続財産の割合があるので、遺留分をどうするかが課題となる。この意味では、遺言書に万能の効果があるとはいえないが、遺言書の有無は事業承継に大きな影響を与えるのも事実である。

代償分割
　仮に会社経営に関わるすべての財産を長男が引き継ぐことで兄弟間のバランスが崩れることがあれば、長男がもともと所有している金融資産を兄弟に渡すといった、代償分割という仕組みがある。

公証役場の手配
　遺言書を作成する際は、法律の専門家である公証人に依頼すれば、形式的な不備を防ぐことができる。

Short Story　事業承継の相談⑥

　早瀬は㈱森沢産業の経営陣に「後継者にすべて相続させる」と遺言を残した場合の対策を説明した。すると、森沢社長が不安を口にした。
　社長　遺言書も万能というわけではないんですね。
　早瀬　確かにそうです。しかし、繰り返しますが、遺言の有無は大きな影響があります。実際に作成されるときは、法律の専門家である公証人に依頼すれば形式的な不備をなくすことができます。そうしたご準備も銀行の顧問

弁護士が内容のご相談から公証役場の手配などすべてお手伝いさせていただきます。

社長 銀行のネットワークは頼りになりますね。しかし、今作成しても、財産の評価額が変わることもあるんじゃないですか。

早瀬 自社株式や小規模宅地の評価方法は先ほどのご説明のとおりで、相続税法に基づいています。例えば、不動産の場合は、現在所有の物件ですと路線価額、建物は固定資産税評価額をもとに、個別の物件の権利関係などの事情を考慮して計算されます。したがって、評価額は不変というわけではありません。

社長 財産評価額がこちらの想定外に変動した場合、遺言書を書き直せばいいということですね。

早瀬 そのとおりです。遺言書は何度も書き直せます。一番新しく書いたものが有効になります。

長男 このケースも、後継者以外が会社の実権を握れるという可能性がありますか。

早瀬 もちろん、遺言書の内容にもよりますが、後継者にすべて相続させる場合は、保有株式はこれまでの200株に社長の600株、さらに太郎さんの50株を買い取れば850株となり、支配権はゆるぎないものになります。もし遺留分のご請求があれば株式ではなく他の資産で差し上げればよいのです。

長男 代償分割ですね。

早瀬 遺留分に配慮した遺言書、しかも形式的な不備がないよう弁護士と相談し、公証役場で公正証書遺言を作成することをおすすめします。

長男 お父さん、お願いしますよ。私たち兄弟がもめないためにも。

社長 そうだね。早瀬さん、さっきの段取りをしてください。

森沢社長の言葉で、早瀬のビジネスが成立した。今後は、森沢社長の土地を売却した代金を金融資産で運用するなど、さらなるビジネスの展開が予想される。

（つづく）

（ケース３）
遺留分に配慮して遺言書を書いた場合

　遺留分に配慮して遺言書を書くことが、円滑な事業承継を進めるうえで最善の策といえる。ただし、後継者に兄弟がいる場合、兄弟が後継者のために協力を強いられたという思いを残すこともある。そうした感情へのケアも心がけたい。例えば、後継者は会社の借入金の連帯保証人になるであろうこと、重い経営責任を負うことなど、相応のリスクを背負うことを兄弟に気づかせ、わだかまりを冷静な知性でなくしてもらうようにすることも身につけておきたいスキルである。

特別受益の扱い

　遺留分に配慮して遺言書を作成しても、法定相続人の間に紛争の種がなくなるわけではない。その種となるのが特別受益の扱いである。例えば、実際に遺産を配分する際、結婚のときに花嫁道具をたくさん持たせてもらった、マイホームを取得するときに資金援助をしてもらったなど、そうした特別受益を遺産分割協議の対象にすることができる。相続人同士の人間関係によっては、こうした点も考慮して遺言書を作成する必要がある。

Short Story　事業承継の相談⑦

　社長　これで自社株のバトンタッチは万全ということで安心です。
　早瀬　和子さん（長女）や次郎さん（次男）は、何となく一郎さん（長男）のために協力を強いられるような感じでご不満かもわかりませんが、社長となる後継者は会社の借入金の連帯保証人になるでしょうし、経営責任は相当大きなものになります。
　長男　責任の重さは感じていますし、覚悟もしています。ごたごたもなく、経営に専念できる環境さえ整えば、全力で長男の務めを果たします。
　早瀬　遺留分に配慮して遺言書を書いても、紛争が起こるとすれば、特別

受益の扱いがあるかもわかりません。例えば、昔、ご結婚の際にずいぶん花嫁道具を持たしてもらったとか、マイホームを取得するときに資金援助してもらったとか、実際の遺産配分の際には、そうしたことも遺産分割協議の対象になってきます。昔の金額を現在の価値に直して考えようなんてことになると話が複雑になったりします。

社長 わが家はそうした心配はないと思います。親として、子どもが特別受益と言い出すようなことはしてこなかったですから。

早瀬 これは弁護士会主催のセミナーで配布された資料を私なりに修正したものです。ご親族が後継者として継承される場合のチェックシート（図表2-12）と法律用語のまとめ（図表2-13）で、今日私がお話しさせてもらったこと以外の項目もたくさんあります。今後のご参考にしてください。

次男 この資料にある黄金株は何かで見たことがありますが、すごく便利なものという印象があって、これを持っていれば株式の保有率など関係なくなるように思いますが……。

早瀬 確かに黄金株（拒否権付株式）は、１株で株主総会の特別決議を拒否できる種類株式です。事業承継の場合、後継者に株式を譲渡した場合、先代社長が影響力を残したいときなどに活用できます。ただし、譲渡制限をつけ忘れていると、何らかの事情で赤の他人の手に渡れば、後継社長が67％以上の株を持っていても特別決議が意味をなさなくなります。

社長 そういう意味では、定款の確認などますます重要ですね。早瀬さん、ぜひ目を通してください。

早瀬 承知いたしました。種類株式は使い方次第でとても有効ですが、会社法と実務の両方に長けていないと思わぬ失敗をしてしまいます。こちらの顧問弁護士と一緒に研究させていただきます。それと、社長に万が一のことがあった場合の資産配分案も検討しておきます。

社長 事業承継といえば、税金対策のことしか頭になかったのですが、それだけでは解決しないものだということがよくわかりました。

早瀬 節税対策は重要ですが、株式の持ち方などは会社法、相続対策となれば民法、相続税法など幅広い角度からの検討が必要になります。

社長 早瀬さん、今日はありがとうございました。皆の考えも概ねわかったし、自分なりの今後の進め方に大変参考になりました。法人とか個人のこととか、区分けなくよくご存知であることに感心しました。

図表 2-12　後継対策チェックシート

あなたの会社は大丈夫？　後継対策チェックシート　【親族内承継版】

A 後継者	Q1	後継者候補は、決まっている。	YES	NO
	Q2	後継者候補に、経営者となるための資質・能力が備わっている。	YES	NO
	Q3	後継者候補に、経営者の株式を譲り受けるだけの資力がある。	YES	NO
	Q4	誰が後継者となるかは、会社の取引先・株主・従業員に説明されている。	YES	NO
B 規定の整備・機関の運営	Q5	定款が会社に保管されている。	YES	NO
	Q6	会社の定款に、株式の譲渡制限に関する規定（株式を譲渡するには取締役会の承認を得なければならない旨の規定）がある。	YES	NO
	Q7	会社の定款に、相続人等に対する売渡請求に関する規定（会社が株式の相続人に対して相続した株式を会社に売り渡すよう請求することができる旨の規定）がある。	YES	NO
	Q8	3ヵ月に1回は取締役会を招集し、開催している。	YES	NO
	Q9	過去5年分の取締役会議事録が会社に保管されている。	YES	NO
	Q10	年に1回は株主総会を招集し、開催している。	YES	NO
	Q11	過去5年分の株主総会議事録が会社に保管されている。	YES	NO
C 株主構成	Q12	会社で株主名簿を作成している。	YES	NO
	Q13	会社の直近の株主構成が株主名簿の記載に反映されている。	YES	NO
	Q14	会社の株式のなかに、複数の株主による共有状態の株式はない。	YES	NO
	Q15	経営者と後継者候補が保有する株式の合計数は、会社の発行済株式総数の3分の2以上である。	YES	NO
	Q16	経営者が保有する株式数は、会社の発行済株式総数の2分の1未満である。	YES	NO
	Q17	後継者候補が保有する株式数は、会社の発行済株式総数の3分の1以上である。	YES	NO
	Q18	経営者と後継者候補は、自らが保有する株式の株券を保管している。	YES	NO
D 相続対策	Q19	経営者の推定相続人は、後継者候補または経営者の配偶者以外にはいない。	YES	NO
	Q20	経営者の推定相続人は、互いに仲がよい。	YES	NO
	Q21	経営者は、自分が保有する株式を後継者候補に遺贈する旨の内容の遺言書を作成している。	YES	NO
	Q22	経営者の遺言書の内容は、すべての推定相続人に対して説明されている。	YES	NO
	Q23	経営者の個人資産は、会社の株式よりもその他の換金可能な資産のほうが評価が高い。	YES	NO
	Q24	会社の事業継続にとって不可欠な資産（土地・建物等）のなかに、経営者個人の名義のものはない。	YES	NO
	Q25	経営者個人の会社に対する多額の貸付はない。	YES	NO

出所：大阪弁護士会セミナー資料をもとに作成

図表 2-13　法律用語のまとめ

法律用語	説　明	留意点等
	これだけは知っておきたい法律用語（事業承継）	
相続人	被相続人の財産上の地位を承継する者。相続開始前には、推定相続人といい、被相続人の死亡による相続開始によって確定する。 これに対して相続される財産、権利、法律関係の旧主体を被相続人という。	
株式・株券	株式会社における社員（株主）としての地位のことを株式といい、それを表章する有価証券が株券である。	
共有・準共有	複数人が1つの物に同時に所有権を有する場合を共有、所有権以外の財産権を有する場合を準共有という。 会社の株式が相続によって数人の共有に属することとなった場合、議決権等を行使すべき者につき、どのように定めるかなど、法的な問題が生じる（単純に相続分に応じて株式が分けられるわけではない）。	
譲渡制限会社	発行するすべての株式の譲渡による取得について、当該株式会社の承認を要する旨の定めを、定款に設けている株式会社。	
遺留分	被相続人は、原則として生前贈与や遺言により自由に財産を処分できるが、民法上、相続人には、一定の割合の相続権（遺留分）が保障されている（1028条）。 遺留分権利者は、相続人の配偶者と直系卑属および直系尊属だけに限られ、兄弟姉妹は除外される。遺留分の割合は、直系尊属のみが相続人であるときは、被相続人の財産の3分の1、その他の場合には、2分の1である。遺留分権利者は、相続開始前から遺留分を放棄できるが（相続の放棄は相続開始前にはできない）、家庭裁判所の許可が必要である。	贈与や遺贈をする場合には遺留分に配慮すべきである。
遺留分減殺請求	現存の相続財産から贈与、遺贈を差し引くと遺留分の額に達しない場合には、遺留分が侵害されたとして、遺留分権利者およびその承継人は、遺留分を保全するため、贈与や遺贈の履行を拒絶し、さらに、すでに給付された財産の返還を請求することができる。かかる権利は、遺留分侵害の事実を知った時から1年以内、もし遺留分侵害の事実を知らなくとも相続開始後10年以内に行使しなければならない。	

出所：大阪弁護士会セミナー資料をもとに作成

遺言	遺言は、一定の方式に従ってされる相手方のない一方的かつ単独の意思表示であり、遺言者の最終の真意を確保し、その偽造・変造を防止するため、必ず法定の方式による厳格な要式行為である（民法960条、967条以下）。 遺言には、普通方式として、自筆証書遺言（遺言者が遺言書の全文、日付および氏名を自署し、これに押印することによって成立する遺言。968条1項）、公正証書遺言（公証人が作成する公正証書による遺言。民法969条）、秘密証書遺言（自分の遺言書の内容の秘密性を保持しながら、遺言書の存在については明確にしておく遺言。民法970条）がある。	公正証書遺言においても弁護士にアドバイスを求めることが望ましい。
死因贈与	贈与者が受贈者に対して贈与者の死亡という不確定期限を付して財産を無償で与える約束をして成立する契約。遺贈が相手方のいない単独行為であるのに対し、死因贈与は契約である。 死因贈与は、受贈者のために始期付き所有権移転の仮登記をすることができる。	
寄与分	被相続人の財産の維持・形成に特別の寄与をした法定相続人がいる場合、その寄与分に相当する額を寄与者に取得させるもの。相続人の寄与行為が、特定の態様（被相続人の事業に関する労務の提供等）によってなされた特別の寄与であり、これらの行為によって被相続人の財産の維持または増加がもたらされたことが要件となる。	
特別受益	相続人のなかに被相続人から生前贈与または遺贈によって特別な利益を受けた者がいる場合、当該受益を考慮に入れた相続分の計算を行うもの。 特別受益に該当する場合とは、共同相続人のなかに、被相続人からの遺贈、または婚姻・養子縁組もしくは生計の資本として贈与を受けた者がある場合。	
黄金株 （拒否権付種類株式）	特定の事項について、普通株主総会の決議のほかに、その種類株式を保有する株主の承認決議が必要となる株式。拒否権の内容としては、取締役の選解任権、組織再編等が考えられる。 なお、相続に先立って拒否権付種類株式を発行しておき、後継者に当該拒否権付種類株式を取得させておく等のいくつかの活用が考えられる。	どのような拒否権の内容とするのかなど、弁護士と十分検討する必要がある。
議決権制限株式	株主総会において議決権を行使することができる事項が制限された株式。 なお、相続に先立ち、議決権制限株式を発行しておき、後継者には普通株式を、その他の相続人には議決権制限株式を取得させることで、後継者以外の相続人の遺留分に配慮しつつ、後継者に経営権を集中させるなどの活用が考えられる。	どのように議決権を制限するかなど、弁護士と十分検討する必要がある。

早瀬　私もプライベートバンカーを目指して勉強しています。今後ともよろしくお願いいたします。

2-5. まとめ

㈱森沢産業の事例では、法人と個人の両面からのアプローチを試みてみた。金融機関によっては、法人・個人の分野をはっきりと色分けし、資産規模などをセグメントして担当者を割り振っているところもあるが、法人・個人の一体的なアプローチによってビジネスの好機を幅広くつかめるであろう。

[考えてみよう]

> ショートストーリー①〜⑥において、さまざまなビジネスの構想を思いめぐらすことができる。どのようなビジネスの可能性があるか考えてみよう。

【解答例】

> 1. 森沢社長名義の土地を会社に売却することで、会社には融資、個人には売却代金の運用提案が見込める。
> 2. 森沢社長の会社への貸付金を銀行で肩代わりする。
> 3. 公正証書遺言の作成準備を通じて、社長個人の資産内容をより正確に把握できる。

4．当然のことだが、資産運用の見直しを通じて、保険、投信、個人年金など幅広く銀行商品の提供が可能となる。
5．今後も森沢一族の財務アドバイザーとしての立場を維持できる信頼関係を強くした。
6．弁護士、税理士、FPなどの専門的ノウハウをいろいろな角度から提供することにより、自分だけでは困難な情報把握や分析が可能となる。

[考えてみよう]

地方銀行に勤務して2年目の田中さんは、新任の営業職（通称外回り）として約半年が経過した。その間、新規先としてアプローチしてきたAさんファミリーの取引開拓に行き詰まりを感じている。そこで、これまでの取引進捗状況などを整理して（図表2-14）、上司の支店長代理に指導を仰ぐことにした。

もし、あなたが、上司の支店長代理ならば、どのように助言するか考えてみよう。

【解答例】

田中さんが作成した資料から読み取れる指導ポイント、その理由、今後の営業推進で留意すべき点を図表2-15にまとめてみたので、参考にしてほしい。

図表 2-14　Aさんファミリーの概要と顧客開拓の進捗状況

(A社)	年齢	顧客ニーズ	現状の課題	顧客の成果（見込み）
顧客名：Aさん	(50歳)	・父の相続対策を円満にしたい ・アパート経営の事業収益が低下傾向について対策を講じたい ・子どもたちは東京で就職の希望があり、将来の資産管理や事業の引き継ぎが不安である	（苦労しているポイント等） ・相続対策について、Aさんの両親の意向を十分に把握できていない ・遺言書の解説資料や税務資料は持参しているが、それ以上話が進んでいない ・保険についてもらう後どうすべきか悩んでいる ・火災保険の付保状況も不明 （今後のアドバイスがほしい）	・相続トラブルの回避 ・相続税の軽減や、納税準備 ・保険の見直しで生活保障が手厚くなる ・アパートと居宅の建替えに際し借入相談ができる
職業：不動産賃貸業				
業歴：先代からアパート経営約20年				
資産：総額　約2億円				
内訳（相続税評価額） （概略） ・賃貸物件　土地　70百万円 　　　　　　　建物　15百万円 　　　　　　(　) ・自宅　　　　土地　20百万円 　　　　　　　建物　5百万円 ・株式　　　　　　10百万円 ・他行預金　　　　40百万円 ・終身保険契約額　30百万円		・契約者　Aさん　終身保険30百万円 　被保険者　〃　　特約等なし 　受取人　妻		
		どのように対応したか	研修でのアドバイス	銀行の成果（見込み）
●顧客状況（特記事項など） 不動産はすべて父名義。金融資産は本人名義である。 ●家族構成		（経過説明など） ・新規先としてアプローチ中 ・所有資産の概略を把握することにとまっている ・他行預金の預け替えを依頼した ・両親の年金受取口座の開設は取引できた	（私ならこうする）	・他行預金の預け替え ・家賃収入の受取 ・アパートローン、住宅ローンなど融資案件が期待できる

家族構成：
- 父 75歳
- 母 48歳
- 長女 7歳
- 次男 19歳（学生）
- 長男 50歳
- 妻 48歳
- 学生 21歳（長男）

第2章　オーナー経営者へのアプローチとポイント

図表 2-15　検討例

指導（あるいはチェック）ポイント	その理由	今後の営業推進で留意すべき点
お客様の情報をたくさん収集したけど、何かピリッとしない。	新規先だから顧客の全体像を知る努力はわかるが、焦点が定まっていないように思える。	個人情報の収集には目的を明確にして質問、確認をすること。
法人を設立しているなら不動産管理か不動産を所有している法人なのか。	法人を上手く活用しているのか、これから設立を検討するのでアプローチは違ってくる。	決算書とか確定申告書とか財務資料を確認すれば、すぐに事業の実態がわかる。決算書を依頼できるのは銀行の強みであり、目的を明確にして預かる。
所有資産に父の金融資産がないのはなぜか。	アパート経営のオーナーは父であることを思えば不自然。ただし、法人に家賃が入り、父は報酬を受け取っていないこともあり得る。	顧客の税務（贈与など）知識のレベルの確認や納税について逸脱した考え方を持っていないかのチェックは重要となる。
父の相続対策というが、税金なのかトラブル防止なのか。	把握した数字が正しければ、配偶者への居宅の生前贈与（2,000万円）を実行すれば相続税は非課税となる。	Aさんの見える、見えない不安が何なのか知る努力が必要。それを踏まえた情報収集に焦点を絞る。
Aさんは子どもたちの将来の希望について強い思いを持っているのか。	ただ不安というだけでなく、家族間の意見交流がどうだったか知る必要がある。例えば、妻の気持ちはどうかなど。	今、結論が出ない話だろうが、アパートや自宅の建て替えの具体化を助言すればその反応で推測できる。
取引先の工務店、建築会社に建築プランを依頼していないのはなぜか。	銀行員ではプランニングに限界がある。専門会社をコーディネイトすることが必要である。	プランニングにあたり、顧客の同意を取っておくこと。現地確認など初期調査でどんなことをするのか事前に伝えておくこと。
生命保険の特約が付いていないのは何か事情があるのか。	顧客が気づいていないだけであるのか、一般的には年をとると医療保険や医療特約個人年金とかを考えるものだ。	・保険の見直しにあたり、保険会社を同行する場合は、事前に同意書に署名・捺印をもらうこと。 ・窓販全面解禁に備えた準備を意識する。
保険会社の訪問状況はどうか確認する。	Aさんはいろいろなところに相談や情報収集している可能性がある。	提携会社で個人年金などを契約できれば役務サービス手数料が見込める。

117

指導（あるいはチェック）ポイント	その理由	今後の営業推進で留意すべき点
Aさんの両親は田中君のファンではないのか。	年金の振込提案を他行から切り換えてくれたというのはすごい成果だ。なかなかしてくれないのが普通だ。	信頼関係ができているのに、なぜ相続の話では積極的な反応を示さないのか注意しておきたい。
支店長が挨拶に同行するのも有効な営業方法だ。	若い田中君に相続の話、しかも何か問題を抱えているときは、上席のほうが顧客が安心して話せることもある。	「ホウ、レン、ソウ」の意識を持って上司にレポートしていることはよいことだが、顧客ニーズをより把握できる方法を考えることは重要だ。
Aさんと兄弟の関係はよいのか。	両親はそのことを心配しているのではないかと推察できる。	訪問だけでなく、支店に来店をすすめてみるのもよい。家庭では話せない悩みがあるかもわからない。
他行にも同様の相談をしている可能性がある。	少なくともメイン取引は他行であり、親密度も高いと思われる。	具体的にどのような提案や助言があったのか、率直に聞いてみるのもよい。
銀行の収益見通しを意識しているか。	いつ頃、住宅ローンやアパートローン、預金の預け替えが実現できるか、現状では把握が難しいだろうが、目標を持っておきたい。	焦点を絞ったアプローチはビジネスの形になりやすい。全体的な情報収集は不可欠だが、優先順位の判断が遅れることもあるので、注意しておきたい。

3 経営実態を把握するポイント

3-1. 経営実態の把握

　経営実態の把握は金融機関からの資金調達の可否をはじめ、オーナー経営者にとって、中小・零細企業の命運を左右する関心の高いテーマである。顧客の相談に適切に答えるためには、法人と個人それぞれの実態を理解しておくと同時に、例えば、金融庁が金融機関に対して融資判断の指針として示している金融検査マニュアルを理解しておくことも参考になる。

（1）債務者区分の判断の際に勘案する項目

　金融検査マニュアルは、「特に、中小・零細企業等については、当該企業の財務状況のみならず、当該企業の技術力、販売力の成長性、代表者等の役員に対する報酬の支払状況、代表者等の収入状況や資産内容、保証状況と保証能力等を総合的に勘案し、当該企業の経営実態を踏まえて判断するものとする」と指摘している。

【金融マニュアルが総合的に勘案するよう指摘している項目】

◆財務状況

◆当該企業の技術力
◆販売力の成長性
◆代表者等の役員に対する報酬の支払状況
◆代表者等の収入状況や資産内容
◆保証状況と保証能力　等

(2) 債務者区分の検証ポイント

同マニュアルは債務者区分の検証ポイントを次のように指摘している。

【金融検査マニュアルが指摘する債務者区分の検証ポイント】

◆中小・零細企業は総じて景気の影響を受けやすく、一時的な収益悪化により赤字に陥りやすい面がある。
◆自己資本が大企業に比べて小さいため、一時的な要因により債務超過に陥りやすい面がある。また、大企業と比較してリストラの余地等も小さく、黒字化や債務超過解消までに時間がかかることが多い。
◆中小・零細企業に対する融資形態の特徴の1つとして、設備資金等の長期資金を短期資金の借換えの形で融資しているケースが見られる。

金融検査マニュアルが指摘しているように、債務者区分を判断する際は、中小零細企業の経営・財務面の特性や中小零細企業に特有の融資形態を踏まえたうえで行い、赤字や債務超過、貸出条件の変更など表面的な現象のみで判断することは適当ではない。したがって、取引実績やキャッシュフローを重視して検証するとともに、貸出条件の変更の理由や資金の使途、性格を確認しつつ、債務者区分の判断を行うとよい。

図表 2-16　金融検査マニュアルによる債務者区分

債務者区分		内　容
正常先	A	業績が良好であり、財務内容にも特段の問題がない債務者
要注意先	B	業績低調、延滞など、今後の管理に注意を要する債務者
要管理先	B′	要注意先のうち、要管理債権のある債務者
破綻懸念先	C	現在、経営破綻の状況にないが、今後、経営破綻が懸念される債務者
実質破綻先	D	法的・形式的な経営破綻の事実はないが、実質的に破綻に陥っている債務者
破綻先	E	法的・形式的な経営破綻の事実が発生している債務者

図表 2-17　金融検査マニュアルによる債務者区分の判定表

決算書の状況			借入金の返済状況						
債務超過	黒字・赤字	繰越欠損	延滞なし	延滞1ヵ月以上	延滞2ヵ月以上	金利減免・条件変更	延滞3ヵ月以上	延滞6ヵ月以上	延滞1年以上
なし	黒字	なし	A	B	B	B′	B′	C	C
なし	黒字	繰損	B	B	B	B′	B′	C	C
なし	赤字	なし	B	B	B	B′	B′	C	D
なし	赤字	繰損	B	B	B	B′	B′	C	D
前期のみ債務超過			B	B	B	C	C	C	D
2期連続債務超過			B	C	C	C	C	D	D

　検査では検証ポイントに加え、金融機関が自己査定を行う際のあらゆる判断材料の把握に努め、債務者の経営実態を総合的に勘案して債務者区分の判断を行うことが必要であると指摘している。債務者区分をまとめたものが図表2-16、債務者区分の判定表をまとめたものが図表2-17である。

　また、銀行などで一般的に格付け評価で採用しているスコアリングの項目と評価ウエートについてまとめたものが図表2-18である。なお、スコアリングシートの定量分析項目の計算式など補足説明を図表2-19に示す。

図表 2-18　格付け評価の全体像

参考要因	信用格付算定要因			総合的判断
	（1次評価）	（2次評価）	（3次評価）	
貸出実績	定量分析・財務分析	定性分析 将来返済力	定性分析 潜在返済力 実質同一体 実態B/S 他行支援	銀行全体の与信政策・ ポートフォリオ
担保（裸与信）	自己資本比率			その会社の取引関係
地元業界評判	ギアリング比率			銀行の収益採算
他行シェア	売上高経常利益率			
業　績	自己資本額			
	売上高			
	債務償還年数			
	インタレスト・カバレッジ・レシオ			
	償却前営業利益			
	その他			

↓ 項目別の評価例

スコアリング・シート

定量分析項目（100点）	
1.安全性項目	(22)
自己資本比率	10
ギアリング比率	12
2.収益性項目	(15)
売上高経常利益率	5
総資本経常利益率	5
当期利益の推移	5
3.成長性項目	(25)
経常利益増加率	4
自己資本額	13
売上高	8
4.債務償還能力項目	(38)
債務償還年数	15
インタレスト・カバレッジ・レシオ	8
償却前営業利益	15

（第1次評価判定表）

		格　付	債務者区分
90以上	1	リスクなし	正常先
80以上	2	ほとんどリスクなし	正常先
65以上	3	リスク些少	正常先
50以上	4	リスクはあるが良好水準	正常先
40以上	5	リスクはあるが平均的水準	正常先
25以上	6	リスクはやや高いが許容範囲	正常先
25未満	7	リスク高く管理徹底	要注意先
25未満	8	警戒先	要管理債権先
25未満	9	延滞先	破綻懸念先
25未満	10	事故先	実質破綻先・破綻先

図表 2-19　スコアリングシート補足説明

定量分析項目	計算式
1．安全性項目	
自己資本比率	自己資本（純資産合計）÷総資本×100
ギアリング比率[1]	長短借入金÷自己資本（純資産合計）×100
2．収益性項目	
売上高経常利益率	経常利益÷売上高×100
総資本経常利益率	経常利益÷総資本×100
当期利益の推移	
3．成長性項目	
経常利益増加率	（経常利益－前期経常利益）÷経常利益×100
自己資本額	
売上高	
4．債務償還能力項目	
債務償還年数[2]	長短借入金÷（営業利益＋減価償却費）
インタレスト・カバレッジ・レシオ[3]	（営業利益＋受取利息）÷支払利息・割引料
償却前営業利益	営業利益＋減価償却費

注1：値は低いほうがよい……50％未満優良、150％並、200％超は危険。
注2：年数は短いほうがよい…目安は10年以内。
注3：値は高いほうがよい……絶対に1倍以上は必要、1倍未満は危険。

第3章

富裕層顧客の特性とアプローチ法

上場を目指す企業経営者へのアプローチとポイント

1 オーナーのタイプを把握する

　プライベートバンカーの多くは、オーナー経営者が顧客である場合が多い。事業に成功しているオーナーにどのようなアドバイスをすると信頼を勝ち取ることができるのだろうか。相続や事業承継に関する大局に立ったオーナーの立場でのアドバイスはプライベートバンカーが行う必要があるが、その一方で専門家である税理士や弁護士もオーナーのアドバイザーとして存在している。そこで本章では、金融機関で働くプライベートバンカーにふさわしいオーナーの事業の発展にかかわるアドバイスについて解説しよう。

（1）オーナー経営者の2つのタイプ

上場を考え、才能のある後継者を育てるタイプ

　事業に成功しているオーナー経営者は2つのタイプに分かれる。1つは、会社を組織化し上場しようと考えるタイプ。このタイプの経営者は次のような考え方をする傾向がある。

　会社の経営は、ある種の才能のあるものがしっかりとした組織で経営しなければ売上の維持すらできない。そして、自分が経営をしている間に株式公開によって世間の認知を得て、才能のある者を後継者として育成し、組織の維持をできるようにする必要があると考えるタイプだ。

上場を避け、実質経営の継続を望むタイプ

　もう1つのタイプは、上場して大株主が現れて他人から経営に口を挟まれ

ることを嫌い、上場を避けるタイプ。たとえ上場したとしても、代々オーナー企業として実質的に経営を継続したいという想いが強い。

（2）アドバイスのしやすさから見た両者の比較

後継者問題

　前者のように上場しても株主であり続ければ、経営者でなくても大株主として経営に口を挟むことは可能だし、経営に不向きな子孫にも配当という形で生活保障が可能となる。
　問題は後者である。後継者が経営者として不向きな場合、経営権の移転と財産の継承が難しくなる。創業者とともに会社を盛り立ててきた、いわば番頭とオーナーの後継者との間に確執が生じることもあり、後継者へのバトンタッチの際には、多くの問題が生じてくる。

金融機関との関係

　地方の場合、有力企業が上場に意欲があると、都市銀行や大手証券会社のイニシアチブが強くなり、地元金融機関との関係が薄れることになる。また、株式公開すればオーナー経営者の個人保証を解消する必要があるため、これまでメインバンクであった地方銀行が上場を積極的にすすめない場合もある。

（3）プライベートバンカーとしてのスタンス

　これらの現実を踏まえたうえで、多くの悩めるオーナー経営者に株式公開して市場に上場することの意味をしっかりと理解してもらうよう、プライベートバンカーとしてアドバイスしてもらいたい。結果として上場してもしなくても、オーナー経営者と将来の事業の夢を共有し、アドバイスできる力量を培うことが求められる。次節以降、そのための基礎知識を解説していく。

2 非上場企業と上場企業の違い

2-1. 損益計算書から経営姿勢を確認する

(1) ステークホルダーへの配分状況を読み取る

　会社の経営状態やオーナー経営者の経営姿勢は、決算書を通して理解できる。図表3-1は決算書のなかの損益計算書である。損益計算書は1年間の経営成績を明らかにするというものだが、その右側に利害関係者といわれるステークホルダーを書き添えてみる。具体的に1人ひとりの顔を思い浮かべながら名前や会社名を書き添えるとイメージしやすい。このように損益計算書とステークホルダーをまとめてみると、顧客からいただいた売上をステークホルダーにどのように配分しているかという視点で損益計算書をとらえることができる。

(2) 節税対策や資金調達対策の状況を読み取る

　顧客からいただいたお金である売上はまず、仕入資金として仕入先や製品の製造に必要な従業員への給与の形で配分される。そのほかに販売管理費に当たる事務員の給与、広告宣伝費等の業者への支払、役員報酬があり、さらに借入れがあれば、銀行への返済利子も生じる。そして、当期純利益までた

図表 3-1　ステークホルダーを考える

		金額	ステークホルダー
売上		1000	顧客
	売上原価	300	仕入先、従業員、地域社会
粗利		700	
	販売管理費	600	役職員、取引先、地域社会
営業利益		100	
	支払い利息等	30	銀行
経常利益		70	
	税金等	30	国、地方
当期利益		40	株主

出所：光定洋介執筆「議決権行使業務」『ファンドマネジメントのすべて』三好秀和著、東京書籍、2007年12月

どり着くと、初めて法人税の支払対象になる。そのうえで最終利益を役員賞与や配当などで外部流出させるのか、内部留保させるのかが決定する。法人税を払いたくないオーナーなら役員報酬を増加させることで対応できる。まさに、どのステークホルダーにどう配分するかは経営そのものである。

経営に必要なすべての資金を売上で賄えるならよいが、事業拡張のために設備投資資金が必要な場合は、銀行貸付を受けることになる。もっとも、利益が出ない会社に銀行が貸付するとは思えない。まして、上場するならなおさらだ。

貸付は担保があればよしとする昔なら、土地を買い自社ビルを建ててそれを担保に差し出すことで資金調達できた。しかし、バブル崩壊以降、不動産価値が下落して不良資産を抱え苦しんだ金融機関は、土地担保だけでは貸付審査が通りにくくなっている。担保主義の日本の貸付方法も事業からのキャッシュフローをチェックし、本業で利益を上げているかどうかやオーナー経営者の経営姿勢をチェックするようになってきている。具体的には、オーナ

ー経営者の役員報酬を増やして法人税を払わないように調整するのではなく、法人税を支払って、利益を出すことが重要になる。
　また、役員報酬も同族会社の規定では、定期同額[1]の規定がある。利益が出たからといって事後的に節税のための利益操作は簡単にはできない。上場を目指すオーナー経営者にとって、節税のために中古の外車を購入したり長期の生命保険に加入したりすることにどれだけの意義があるのだろうか。上場を目指すのであれば、本業でのキャッシュフローを毎年成長させることに注力すべきだ。

（3）コスト削減の状況を読み取る

　売上の増加が期待できない経営環境なら、コスト削減に向かうことになる。コスト削減の方法として、もう一度損益計算書とステークホルダーの関係を見直してほしい。売れないので売上が増加しないなら、在庫を一掃すると同時に仕入価格を見直してみる。利益は運転資本の回転率と利益率で決まるので、回転率を高めるようにする。利益率向上のため商品の値上げができないなら、仕入れを値下げする折衝を行う。
　さらに、役員報酬とともに従業員の給与を削減する方法もある。役員報酬を削減しないで、従業員の給与をカットするのは難しい。自社ビルでオーナーが会社に貸し付けていて家賃収入が入るのなら、オーナーの役員報酬を7割カットしても生活は可能かもしれない。荒療治だが危機感を従業員と共有する意味でも納得できる給与カットは1つの選択肢である。

---

[1]　役員への給与のうち定期同額給与、事前確定届出給与または利益連動給与のいずれにも該当しないものの額は損金の額に算入されないというもの。国税庁HPのタックスアンサー http://www.nta.go.jp/taxanswer/hojin/5209.htm 参照のこと。http://www.nta.go.jp/taxanswer/hojin/5209.htm

(4) オーナー経営者の本当の収入を確認する

オーナーの本当の収入は確定申告書で確認しなければわからない。会社と個人の関係が結びついているのが非上場のオーナー企業の特徴だ。収入源ごとに複数の会社を持ち、家族名義に分散していることもある。

(5) オーナー経営者の経営姿勢

以上のように、損益計算書を理解する際に売上という名の顧客からいただいたお金をどのように配分したかが、オーナー経営者の経営姿勢である。この変化も単年度ではなく時系列で経年の変化を見れば、経営環境とともに経営努力の跡が読み取れる。売上不振で赤字になりそうなとき、コスト削減せず最終赤字をそのまま受け入れたのか、それとも、コスト削減のためにどのステークホルダーとネゴシエーションしたのか、役員が会社に貸付して急場を凌いだかなど、経営努力の軌跡がわかる。

2-2. 利益確保と利益成長

(1) 1株当たりの利益成長

株式公開して上場するためには、会社の財産と個人の財産を峻別することが前提となる。上場して株式公開すると、株価の上昇が株主の最大の関心事となる。株価上昇のための大前提は、1株当たり利益成長にある。株式とは、

会社の持ち分である。1株当たりの利益が確実に成長する企業であれば、理論的には会社の持ち分の価値（株価）が向上することになる。つまり、株価は上昇し、売却すればキャピタルゲインが得られる。会社としては最終利益が増加しているのだから、配当として株主に還元してもらえる額も増える可能性があるということだ。

（2）オーナー経営者に自覚を促すポイント

　上場会社経営は利益を確保すればよいわけではない。株価が上昇する基本は「利益を確保した」ではなく「利益が成長する」ということだ。損益計算書をもう一度確認すれば、株主に配当として利益を還元できるのは法人税を支払った後の税引後当期純利益がベースになる。この税引後当期純利益が前年度に比較して成長する経営を行うことが株価上昇につながる。上場して株式公開し株主の期待に応えるということは「法人税を支払うとか払わないとか」のレベルではない。ましてや「従業員の生活を確保する」とか「借入先に迷惑をかけない」といった話ではない。上場を目指すオーナー経営者は法人税を支払うのは当然で、かつ、利益を成長させるストーリーを投資家に説得力を持って語ることができるようにならないと株価の上昇はないと自覚しなければならない。

2-3. 上場後の経営

(1) 株主との良好な関係の構築

利益成長のカギ

　上場すれば否応なく経営者は株主と向き合うことになる。株主を納得させられない経営者は、株主総会で取締役の選任や役員賞与の議決に反対されることになる。会社を発展させるための成長ドライバーである設備投資や研究開発費、さらにはM&Aにどれだけ経営資源を配分できるかが利益成長のカギとなる。上場前に比べて経営の舵取りが格段に難しくなる。例えば、利益成長のため資金を調達する必要がある。資金調達には内部資金か外部資金での調達方法があり、内部資金での調達とは利益の再投資だ。外部調達とは、具体的には銀行融資や社債、新株発行による調達である。銀行融資や社債発行では企業の信用力が大切となるし、新株発行での調達や株式交換でM&Aを実施する場合は、株価が高ければ交換比率で優位になり、コストが下げられる。

IR活動

　一方、よい経営をしてもマーケット、すなわち投資家に評価してもらわなければ株価は上昇しない。インベスターズリレーションシップの略であるIRとは、投資家との良好な関係を築くことだ。投資家には、株式の投資家と社債の投資家がいる。株式投資では利益成長をどのように経営戦略として描くかが重要であり、経営者が経営戦略を直接、投資家に説明しなければ信頼されない。IR活動を通して、会社の将来とその実現性について経営者が評価されることになる。一方、社債投資の投資家には確実な利札（クーポ

ン）の支払と元本償還がアピールされなければならない。したがって、経営者の言葉よりも格付け機関を通じて投資家に伝わる客観的情報が重要となる。格付け機関が最も大切にするものは、これまでの積み上げてきた財務状況であり、格付け先企業へのヒアリングである。IR活動と一言でかたづけられない。それぞれに応じた対応が必要であることを理解しなければならない。

（2）アドバイスのポイント

このように上場し経営者として会社を切り盛りするということ、つまり、個人企業から脱皮して多数の株主、潜在投資家と向き合うことの意味をプライベートバンカーならば上場を目指すオーナーに事前にアドバイスする必要がある。

これらのことを理解したうえで、それでも上場を目指すという覚悟のあるオーナー経営者のために上場までの道程を以下に解説する。

3 上場までの道程を確認する

3-1. 上場基準

　図表3-2と図表3-3はジャスダック上場基準である。スタンダードとグロースの区別があるが、グロースは特色のある技術やビジネスモデルがある企業を対象にしているので、一般的なスタンダードで解説する。

　形式基準の表を見てもらうと、純資産と利益の額に基準がある。純資産が2億円以上で経常利益および税引前利益が1億円以上あることが示されている。そのほかに公開株式数や株主数などの基準もある。上場後、オーナーの実質持ち株をどのような構成にするかは、オーナーの経営権の強弱に関係してくるので重要だ。その説明は後ほどするとして、ここではまず、上場可能な会社となっているかを議論する。

図表 3-2　上場審査（JASDAQ）(1)　形式基準

審査項目	スタンダード	グロース
純資産の額	2億円以上（直前期末）	正（直前期末）
利益の額	経常利益および税引前利益が1億円以上（直前期） ただし，上場日における時価総額が50億円以上の場合は利益の額は問わない	—
公開株式数	公募または売出し株式数が上場株式数の10%または1,000単位のいずれか多い株式数以上	
株主数	300人以上	
浮動株時価総額	5億円以上（上場日）	
財務諸表	虚偽記載を行っていないことおよび 直前々期「監査意見：適正」 直前期「監査意見：無限定適正」	
その他	・株式事務代行機関に株式事務を委託しているまたは当該機関から受諾する旨の内諾を得ていること ・単元株式数が，上場時に100株となる見込みのあること ・株式の譲渡につき制限を行っていない、または上場時までにその見込みのあること ・指定振替機関における取扱いの対象である、または上場時までにその見込みのあること ・上場前の公募または売出し等に関する規則に適合しない第三者割当等および特別利害関係者等の株式等の移動を行っていないこと	

※浮動株の定義は、上場株式のうち、役員が所有する株式、自己株式、上場株式数の10%以上を所有する株主が所有する株式（信託銀行、証券金融会社、預託証券に係る預託機関等がその業務のために所有する株式であり、実質的に10%以上を所有するものではないと認められる株式を除く）および役員以外の特別利害関係者の所有する株式（新規上場の場合に限る）を除いた株式。
出所：大阪証券取引所 HP（http://www.ose.or.jp/jasdaq）をもとに作成

図表 3-3　上場審査（JASDAQ）(2)　実質審査基準

スタンダード	グロース
a．企業の存続性 ―事業活動の存続に支障を来す状況にないこと	a．企業の成長可能性 ―成長可能性を有していること
b．健全な企業統治および有効な内部管理体制の確立 ―企業規模に応じた企業統治および内部管理体制を確立していること	b．成長の段階に応じた健全な企業統治および有効な内部管理体制の確立 ―成長の段階に応じた企業統治および内部管理体制を確立していること
c．企業行動の信頼性 ―上場後において市場を混乱させる企業行動を起こす見込みのないこと	
d．企業内容等の開示の適正性 ―企業内容等の開示を適正に行うことができる状況にあること	
e．その他公益または投資者保護の観点から必要と認める事項	

出所：大阪証券取引所 HP（http://www.ose.or.jp/jasdaq）をもとに作成

3-2. 上場までの期間とオーナー経営者の年齢

（1）基準を満たすまでの期間を予測する

　クライアントであるオーナー企業が今のビジネスモデルのままで成長して、はたして上場基準を満たすのか、あるいは満たすとしたら何年後なのかを検討する必要がある。予測はそれほど難しいことではない。過去の決算書をもとに一定の割合で成長するとして純資産や税引前利益の基準を何年後に達成するかを計算すれば目安が立つ。この予測を行うことで、ビジネスモデルの

検証が可能となる。現状のままのビジネスモデルでは何百年経っても上場基準に至らないことがわかれば、ビジネスモデルを再検討する必要がある。それは資産である本業を捨てて新たなビジネスチャンスを求めよということではない。例えば、バランスシート（B/S）のなかの資産（Asset）を再構築する方法だ。複数店舗を保有するならフランチャイズ化し、持たざる経営を行いリスクをとらず収益（フランチャイズのロイヤリティ）を得る方法もある。このように現実を踏まえたオーナーへのアドバイスができるようにして、目標を支えるプライベートバンカーとなることが必要だ。

（2）オーナーの年齢を考慮する

　上場時のオーナー経営者の年齢は重要である。例えば、上場基準の達成が40年間必要でオーナーが現在40歳ならば、上場したときの年齢は80歳となる。80歳での上場はオーナー経営者にとって意味があることなのか。80歳ともなれば、後継者へのバトンタッチが行われる年齢だ。また、この年齢で創業利益を得たとしても、楽しい老後が過ごせるのか疑問になる。

（3）オーナー経営者の幸せが重要なテーマ

　プライベートバンカーにとって、オーナー経営者個人の幸せが重要なテーマとなる。上場するなら何年後か、その後の人生をどのように過ごしたいか、終の棲家はどうするかなど、オーナーの人生と向き合うことが理想だ。上場して株式公開すれば、持ち株の売り出しをすることになる。1株出資額5万円が何十倍、何百倍となる可能性もある。創業利益を手にした際、資産運用をどうするかのアドバイスはプライベートバンカーの主たる業務だ。経営者が利益を得れば、資産運用のアドバイスをしたいと多くの金融機関が集まってくる。しかし、オーナー経営者の信頼は上場前に親身になってアドバイス

をしてくれたプライベートバンカーにあることは、異論の余地がない。

（4）上場基準の達成時期が遅すぎる場合の対応

オーナー人生と上場基準を達成する時期が遅すぎる場合はどうすればよいのか。その解決策にはいくつかの方法がある。ビジネスモデルがしっかりしており、順調に利益を上げていることが前提となる。企業の成長にドライブをかける方法として、借入を受けてレバレッジをかける方法、ベンチャーキャピタル（VC）から出資を仰ぐ方法がある。また、フランチャイズ方式を活用して、自社では事業リスクを負わずにビジネスを拡大する方法もある。

3-3. レバレッジと VC の活用
～VC と銀行からの資金調達の違い～

（1）利率、個人保証について

利益を上げていて、その事業の利益率（リターン）が資金調達の利率（コスト）を上回っていれば、資金調達をして事業を拡張することで利益額は増加する。調達方法が利息支払のないベンチャーキャピタルからの出資であれば利益が膨らむのは当然だが、銀行貸付や社債でも事業収益の利益率が貸付利息や社債の利率を上回っていれば、上場基準を満たす時期は早まる。また、銀行借入では非上場企業の場合、オーナー経営者の個人財産を担保とする保証を金融機関は設定する場合が多いが、上場することになれば個人と会社の

財産を明確に分け、会社は公器となるので個人保証の設定はなくなる。オーナー経営者にとって大きなメリットだろう。

（2）資金の性格

そもそも預金者への債務である預金を銀行の目利きで事業会社に貸し付け、利ざやを稼ぐのが銀行ビジネスの基本だ。銀行は預金者に元本とともに利息を支払う義務があるから、融資先の審査に慎重になる。

一方、ベンチャーキャピタルが投資する資金の性格は銀行預金とは異なる。

図表 3-4　銀行貸付とＶＣのリターンの考え方の違い

■銀行貸付のリターンの考え方

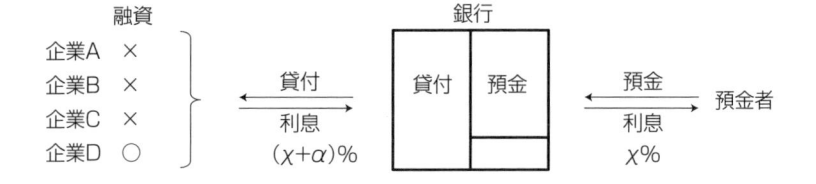

```
        融資
企業A    ×  ┐                    銀行
企業B    ×  │    貸付      ┌─────┬─────┐    預金
企業C    ×  ├──────→    │ 貸付 │ 預金 │ ←──────→  預金者
企業D    ○  ┘    利息      │      │      │    利息
                 (χ+α)%    └─────┴─────┘    χ%
```

■ベンチャーキャピタルのリターンの考え方

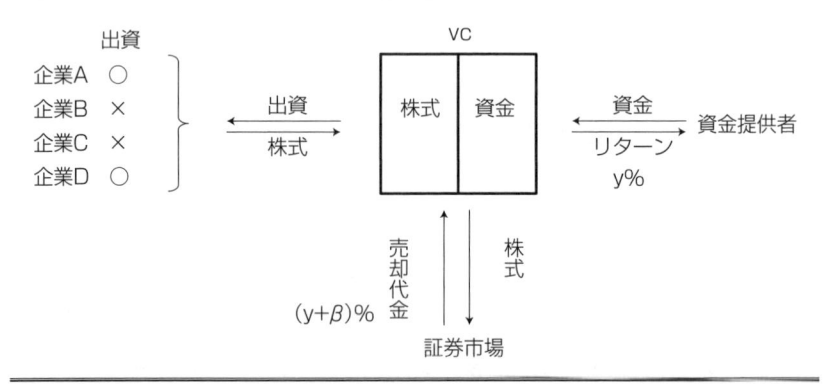

```
        出資
企業A    ○  ┐                     VC
企業B    ×  │    出資      ┌─────┬─────┐    資金
企業C    ×  ├──────→    │ 株式 │ 資金 │ ←──────→  資金提供者
企業D    ○  ┘    株式      │      │      │    リターン
                           └─────┴─────┘    y%
                             ↓売却代金  ↑株式
                         (y+β)%
                              証券市場
```

ベンチャーキャピタルへ資金提供している資金提供者は年金ファンドや金融機関、富裕層などさまざまだが、ベンチャーキャピタルへの資金提供者は上場株式に投資するよりもリスクの高い投資であることを認識している。未上場株式は市場が整備されていないので、マーケットのある上場株と違って流動性が低い。投資から回収までの期間も長く、回収できる可能性も低い。資金回収は上場した際の売却益だ。資金提供者の立場に立てば、未上場の株式に投資するベンチャーキャピタルへの投資に対する要求リターンが高くなることは当然である。

（3）VCに対する投資家の要求

ベンチャーキャピタルに資金提供者が要求するリターンは、金利環境にもよるが、例えば上場株式の要求リターンが7％とすれば14〜20％と高くなる。その理由は、上場株式への投資は評価損が出て実現損を出し資金を回収する場合でも市場での売却ができる、つまり、流動性が確保される。しかし、ベンチャーキャピタルによる投資は流動性がないため、高い利回りのリターンを要求されるのは当然である。つまり、ベンチャーキャピタルへの投資は上場株式への投資よりもリスクが多いため、その分リスクプレミアを要求される。ベンチャーキャピタルはこのような性格の資金を意図した複数の資金提供者からの資金でファンドをつくり、投資先を選定することになる。

（4）ハードル・レート

ベンチャーキャピタルが投資する投資先のすべてが順調に上場してくれるわけではない。なかには上場を途中で諦める投資先もあり、事業に失敗し倒産する場合もある。これらの失敗確率を織り込んで投資先を選別するためのリターン（ハードル・レート）が決定される。資金提供者から要求されてい

るリターンが例えば15％で、失敗する確率が30％、つまり、70％しかベンチャーキャピタルが投資した企業が上場できないと仮定すると、ベンチャーキャピタルが投資対象とした企業に求めるリターンは以下のとおり約21％となる。

【ハードル・レートの計算】

> 15％＝（1－30％）×（ハードル・レート）
> （ハードル・レート）＝15／70＝0.2142857…

　この場合、ベンチャーキャピタルの投資先は約21％のリターンのハードルを超えなければならない。一方、貸付の場合は預金者へのリターンである預金利息に利ザヤを加えたもので、倒産確率を勘案して貸し付ければよい。貸付から回収までの事業採算性や担保価値が評価基準となる。つまり、銀行貸付の場合は最終回収手段として担保があるが、ベンチャーキャピタルの場合は投資に失敗しても担保として回収すべきものはない。実際には投資契約締結時に出資した株式をオーナー経営者に買い取ってもらい売却損を計上して投資をクローズする場合が多い。したがって、ベンチャーキャピタルが求める要求リターンはどうしても高くなる。

（5）VCの投資金額

　ベンチャーキャピタルの資金回収は、投資時の株価と上場時に売却した際の株価の売却益がリターンの源泉になる。上記の場合、売却時の時価総額、つまり、要求リターンが21％であると決定しているので、発行済み株式数と株価を予想して投資期間を決定すれば投資金額が決まる。

第3章 上場を目指す企業経営者へのアプローチとポイント

Short Story　株式公開のメリットとデメリット①

　早瀬敏夫はこの日、光学機器の設計・製造などを行っている川上光学株式会社の川上岩男社長を訪ねていた。川上社長は職人肌の技術者であり、これまで人材育成に力を注いできた。そのため、同社は資本金5,000万円、従業員20名ほどの規模だが、その技術と研究開発力は業界でも独自のものとして注目を集めている。また、川上社長は森沢産業の森沢社長と同年代のゴルフ仲間であり、早瀬は森沢社長の紹介で川上社長と知り合った。この日も、話の大半は川上社長のゴルフ談義だった。

　話題が相続の相談に移ったとき、川上社長が真顔になって早瀬にいった。
「株式を公開すると、株式の売却益で相続税の納税資金の確保ができたりして、事業承継にも有利に働くと聞いたけど、本当なの？　同族会社に対する留保金課税なんかもなくなるっていうし、いろんなメリットがあるみたいだね」
「はい。一般的には、資金調達能力の増大、知名度の向上、経営基盤の強化、従業員の財産形成への寄与、創業者利潤の享受や資産価値の増大、相続税発生時の納税資金の確保などがいわれています。特に、株式公開によって自社株式に換金性を与えるということは、それ自体で事業承継対策として有効な手段といわれています。税負担が軽減するというのもそのとおりです。ですが、川上社長の場合、相続や事業承継のために株式公開をお考えになる必要はないと思いますが」
「それは心配してないよ。早瀬さんのおかげでね。ただ、長男が最近、株式公開の話をよくするようになって、ちょっと気になってるんだ。証券会社が積極的に働きかけているようだし、いいことばかりに目がいってるんじゃないかってね」
「確かに、株式公開のメリットを１つひとつ個別に見ていけばそのとおりなのですが、実際には、株式公開によってさまざまな負担が生じます。例えば、タイムリー・ディスクロージャーといわれる企業内容の開示、一般株主の経営への関与、株主事務の増加、管理部門費の増加などです。監査法人による監査や内部統制への準備も必要です。これらのコストの関係から株式公開に躊躇する経営者の方も多いのも事実です。株式公開が最善の選択肢かどうかは経営者が、なぜ株式公開を目指すのか、目的次第だと思います」

「そうだろう。もし、あいつが本気で株式公開を考えているなら、そういうところを相談してもらいたいんだ。それなら、どうすればいいか一緒に頭を悩ませることもできる。つき合いの長い銀行からは慎重にしたほうがよいとアドバイスされているんだけど、こんなメリットがあるなんて話ばかりだと、そんなうまい話があるかって、つい、怒鳴っちゃうんだよ。それでその場は収まるけど、なんの解決にもなってないよな」

「株式公開にはいくつものメリットがありますが、第一に企業戦略の一環として考えるべきもので、基本的には、より多額の資金を調達して成長を目指す企業に有効な戦略といわれています。この点を出発点にすると、今後の方針も明らかになってくると思います」

「うん。まず、企業戦略ありき……。そういえば、昔はうちぐらいの規模だと株式公開なんて無縁だったけど、いまは違うからな。あいつもいろいろ考えてるんだろうな。そろそろ、息子の時代だとはわかっているんだけど……、こんなことで親子の間に溝ができてもな」

「心中、お察しします。株式公開をするしないにかかわらず、株式公開について知っておくことは、後継者であるご長男にとって有益だと思います。JASDAQや東証マザーズ、大証ヘラクレスなどいくつもの新興市場ができて、資金調達の戦略も多様化しています」

「そうだよな。今度、長男と一緒に話を聞かせてもらえないかな。よろしく頼むよ」

　早瀬は快く承諾した。　　　　　　　　　　　　　　　　（つづく）

4 上場株価の予想

[考えてみよう]

> ベンチャーキャピタルの出口戦略は、投資先の企業が株式を上場した後、保有株式を市場で売却することで得られるキャピタルゲインを獲得することである。では、上場株価はどのように予測したらよいだろうか。

4-1. 上場株価の計算の基礎知識

(1) 株式公開価格を決める2つの方式

　実際の株式公開価格はブックビルディング方式か入札方式で決定される。入札方式は文字どおり入札で価格を決定する。この方式だと株式公開時の価格が高くなりがちで、その後は、株価は想定以上に下落することになる。この対策として、ブックビルディング方式という株価の急激な下落を避ける方式が考え出された。ブックビルディング方式は、公開後の需給の状況を加味して価格を決定するもので、これにより公開後の急激な下落は避けられる。引受証券会社が需給状況を予想するデータとして機関投資家等の意見をもと

に仮条件を決定し、その仮条件を投資家に提示する方法だ。

（2）ブックビルディング方式の公開価格の評価方法

評価方法の種類

　ブックビルディング方式を採用した場合、具体的にどうやって株価を決定しているのだろうか。合理的な評価方法として、日本証券業協会規則記載の方式（純資産方式、収益方式、配当方式、比準方式、併用方式）や国税庁方式（類似業種比準方式、純資産価額方式、併用方式、配当還元方式）等がある。どの方式も一長一短だが、考え方として資産価値と収益性を基準とする。

評価方法の矛盾

　例えば、収益性基準にしても矛盾がある。同じ業種で同じようなビジネスモデルの企業で同じ利益を出す企業は同じ株価になるかというと、そうはならない。同じビジネスモデルの企業で同じ利益率の会社が必ずしもPERが同じにならない。つまり、利益や配当を基準にしても、投資家がどのように評価するかによって株価は決定する。収益にしても資産価値にしても過去の実績でしかない。将来の成長性を投資家がどのように判断するかで株価は決定される。したがって、成長性が高いと判断された企業の株価は高くなるだろう。株価は将来を織り込むという言葉の意味はここにある。

（3）株価の計算方法

【株価の計算式】

株価＝ EPS × PER

株価を EPS（earnings per share：1株当たり利益）と PER（price earnings ratio：株価収益率）に分解してみよう。株価はそもそも1株当たりの株式の価格であり、EPS も PER も1株当たりの指標だ。したがって、利益の基準である EPS が同じでも株価が異なるのは成長性の違いによるもので、噛み砕いていえば、投資家の人気度が高い企業は PER が高くなり株価が高くなる。

4-2. 上場株価の計算事例

下記の条件を設定した場合、企業の上場時の理論的な時価総額はいくらになるだろうか。

【条件設定1】上場予定企業の概要

設立当初、資本金1,000万円、1株5万円で200株を発行。

【条件設定2】VC の投資計画

ベンチャーキャピタル（VC）がファンドの資金提供者に10年でリターンを戻す計画で運用資金を委託されたとする。ある業種の上場株式の PER が平均20倍の場合、初めて上場することを考慮し、例えばディスカウントを30％とすれば、この上場予定の企業の PER は14倍と設定できる。

【用いる計算式】

PER＝株価÷1株当たり当期純利益
EPS＝当期純利益÷発行済株式数＝1株当たり当期純利益
株価＝EPS×PER＝当期純利益÷発行済株式数×PER

（1）上場時の時価総額の求め方

株式上場時の時価総額は、次の手順で求められる。

① JASDAQの上場基準（図表3-2）を根拠に、純資産2億円、税引前利益1億円と仮定する。
② これをもとに、上場前のEPSを計算する。EPSの当期純利益は税引後であることから税率を40％と仮定すると、
　　1億円×（1－0.4）＝6,000万円
　　6,000万円÷200株＝30万円となる。
③ 株式公開後のPERを14倍と設定しているので、株価は30万円×14倍＝420万円となる。
④ 実際には、発行済み株式数200株で1株420万円となり、1株420万円では取引しづらいし、株主300名以上の基準もあるため、市場での取引を増やす意味でも株式分割を実施する。100分割したとすると、1株は4.2万円となる。
⑤ 以上から、上場時の理論的な時価総額は、2万株×4.2万円＝8.4億円となる。ただし、実際の株価はブックビルディング方式でマーケットの需給環境によって決定される。

（2）オーナー経営者の創業利益を考える

　創業者は8.4億円のうち何％のシェアを売却するかで創業利益を得ることができる。最初の資本金1,000万円が8.4億円になると84倍になったことになる。しかし、株価がいくら84倍になったとしても、会社の資金が84倍になったわけではない。投資家に既存株式を売り出して得たキャピタルは、企業の資本増強には役立たない。キャピタルゲインは保有者である創業者やベンチャーキャピタルのものである。そこで、上場と同時に新たに株式を発行し、会社の資本を増強する場合が多い。もちろん、増資しても一度にすべての保有株式を売り出す必要はない。売却益として創業利益を実現することは、税との関係もある。マーケットと需給の状況、成長戦略を描くための資本増強に必要な額、創業者の今後の事業への関わりの度合いなど、プライベートバンカーであるあなたはオーナー経営者の立場で考え、アドバイスする必要がある。ただし、増資すると会社の価値と増資する株式数に応じて株価が希釈化することも忘れてはならない。

5 VCの出資条件

[考えてみよう]

　ベンチャーキャピタルが出資する資金は成長する企業にとって、上場までの期間を短縮する成長ドライバーとなる。これは顧客の決算書をもとに上場基準をクリアするための期間を算出し、その結果とベンチャーキャピタルからの出資がある場合とを比較すれば明確になる。
　では、ベンチャーキャピタルはいつでも、いくらでも出資できるのだろうか。そうではないとすれば、出資の条件とは具体的にどのようなものなのか考えてみよう。

（1）VCによる株式シェア取得に伴うリスク

　前節の例では、ベンチャーキャピタルは、非上場のどこかの時点で非公開株200株のうち何％かをシェアすることになる。株式の50％以上をベンチャーキャピタルに持たれてしまうと、オーナー創業者はせっかく上場しても、創業利益の減少というデメリットや経営権の喪失というリスクにさらされる。
　もっとも、ベンチャーキャピタルが上場後に経営権を持つ目的で出資するわけではない。ベンチャーキャピタルにとってのリターンの実現は、上場時の株式の売却にある。よって、ベンチャーキャピタルの出資により譲渡した株式のシェアは市場に売り出されるのが前提である。したがって、株式公開時にはM&Aの対象になる危険があるので、創業者のシェアを実質的な意

図表 3-5 持ち株比率に応じた株主の権限

持ち株比率	保有期間	株主の権限	条文
1％以上	6ヵ月以上	株主総会の議案提出権	303
3％以上	なし	株主総会の招集請求権 取締役の解任請求権	297,854
3％以上	6ヵ月以上	会計帳簿の閲覧権	433
10％以上	なし	会社解散請求権	833
50％超	なし	株主総会の普通決議 (例) 取締役の解任・選任、配当など	309

出所：光定洋介執筆「議決権行使業務」、『ファンドマネジメントのすべて』三好秀和編著、東京書籍（2007年12月）より加工

味で何％にするかという資本政策は、上場後も経営者の地位を保つためには重要となる（図表3-5）。そのため、ベンチャーキャピタルから出資を仰ぐ場合は、オーナー経営者の都合も十分に考慮する必要がある。言い方を換えれば、ベンチャーキャピタルに譲渡してよいシェアは何％かということだ。一方、ベンチャーキャピタル側にも都合がある。この2者の折り合いをつけなければベンチャーキャピタルからの投資は実現しないことになる。

（2）VCとオーナー経営者の立場を理解する

VCに課せられた制約

前節の例で説明すれば、ベンチャーキャピタルのハードル・レートは21％である。このハードル・レートをクリアするベンチャーキャピタルの出資額の上限がわかる表を作成しよう。図表3-6は出資比率が30％（オーナー経営者は70％）であり、上場時の時価総額が先ほどの例のとおり8億4,000万円の場合、ハードル・レート21％をクリアするための出資額上限を計算したものだ。期間に応じて出資できる上限がいくらとなるかがわかる。上場時の時

図表 3-6　ハードル・レートをクリアする出資額上限の計算方法

出資期間 a	ハードル・レート b (1+r)	累　乗 c = b^a	上場時の時価総額 d	出資比率 e	出資額上限 f = d/c × e
1	1.21	1.210	840,000,000	0.3	208,264,463
2	1.21	1.464	840,000,000	0.3	172,119,391
3	1.21	1.772	840,000,000	0.3	142,247,430
4	1.21	2.144	840,000,000	0.3	117,559,860
5	1.21	2.594	840,000,000	0.3	97,156,909
6	1.21	3.138	840,000,000	0.3	80,294,966
7	1.21	3.797	840,000,000	0.3	66,359,476
8	1.21	4.595	840,000,000	0.3	54,842,542
9	1.21	5.560	840,000,000	0.3	45,324,415
10	1.21	6.727	840,000,000	0.3	37,458,194
11	1.21	8.140	840,000,000	0.3	30,957,185
12	1.21	9.850	840,000,000	0.3	25,584,451
13	1.21	11.918	840,000,000	0.3	21,144,174
14	1.21	14.421	840,000,000	0.3	17,474,524
15	1.21	17.449	840,000,000	0.3	14,441,755

価総額が8億4,000万円で出資比率が30％だから、ベンチャーキャピタルの上場時の売却代金は8億4,000万円の30％で2億5,200万円である。10年では約3,746万円、5年では約9,716万円となる。これ以下の額で同じシェアの30％が出資できると21％以上のリターンを生むことになる。つまり、できるだけ株価を下げたい。あるいは、オーナー経営者とこの出資額上限以下で同じシェアを取得できるように交渉すれば、目標以上のリターンを達成できる。交渉による折り合いをどうつけるかだ。

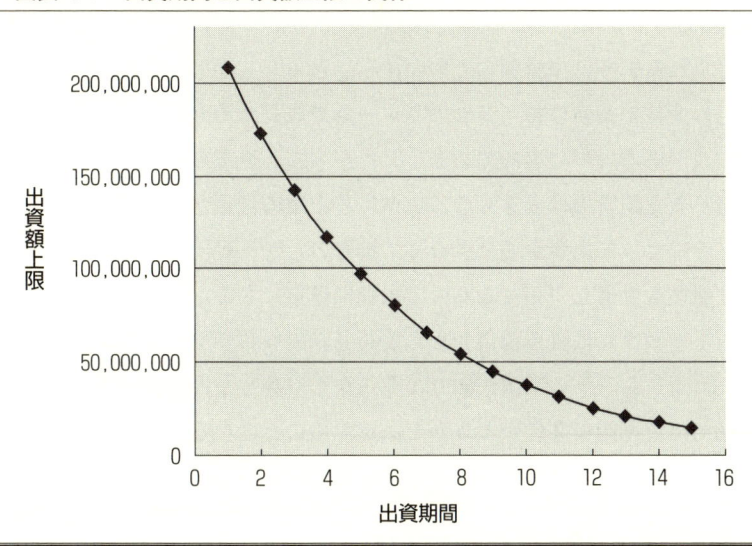

図表 3-7　出資期間と出資額上限の関係

　図表3-7は図表3-6をグラフ化したものだ。投資期間を変えて計算した出資額上限の結果である。計算結果から、期間が長くなればなるほど急速に出資上限額は減っていくことがわかる。このことは、企業が上場間近の場合は多く出資しなければならないが、ベンチャーキャピタル側が目利きであれば出資期間を長くとることで出資額は急速に減少していく。リスクをとれる目利きかどうかがカギとなる。

　また、オーナー側からすれば出資額そのものが重要となる。3,000万円なら不要だが、5,000万円あれば設備投資が可能というように、ビジネスで必要な額は一定の絶対額が必要な場合が多い。このようにベンチャーキャピタル側もオーナー側もそれぞれの条件を満たすタイミングは限られることを知ることが重要となる。

VCが出資案件を判断するポイント

　図表3-8のように上場時の時価総額からハードル・レートを上回るリターンが得られるように出資額の上限が決定される。しかし、図表3-8のように投資先の会社の業績は毎年21％のリターンで成長するわけではない。むしろ、業績の波があるのが現実的である。したがって、企業の業績がよい場合は株価が高くなり出資額は大きくなる。逆に、企業の業績が悪いとベンチャーキャピタルにとって出資金額は少なくて済むのだが、足元の業績が悪ければ上場の可能性も見通しづらくなるので出資に慎重になる。以上のように、ベンチャーキャピタルは資金提供者から要請されているリターンを提供するためにハードル・レートの制限があり、そこから計算した出資額上限とシェアとの関係で出資可能な案件かどうかを決定することになる。

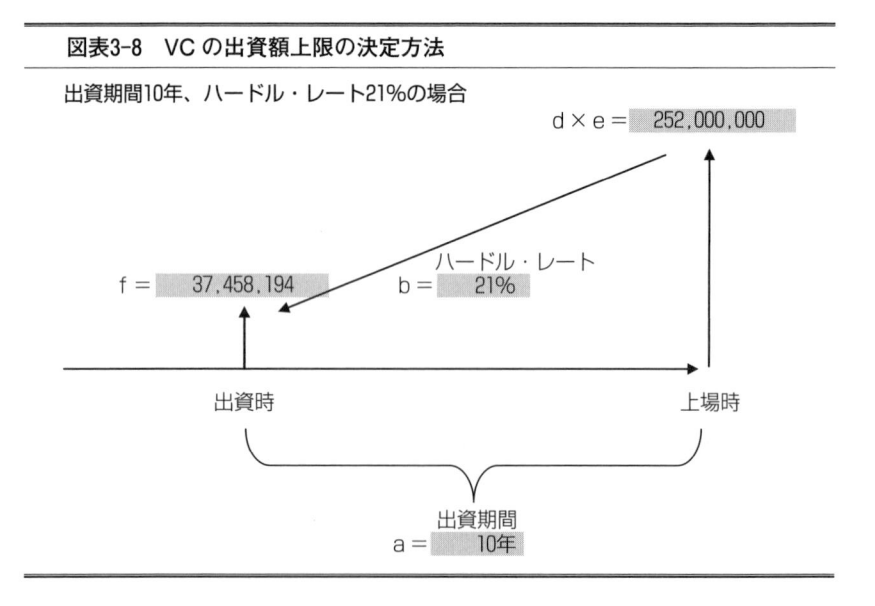

図表3-8　VCの出資額上限の決定方法

出資期間10年、ハードル・レート21％の場合

d × e ＝ 252,000,000

f ＝ 37,458,194　　ハードル・レート　b ＝ 21％

出資時　　　　　　　　　　　　　　上場時

出資期間　a ＝ 10年

(3) オーナー経営者へのアドバイスのポイント

　以上のことから、ベンチャーキャピタルには出資可能な会社や時期などに制約があることがわかる。したがって、銀行貸付のように将来の利息と元本の支払いが確実であれば貸付を受けられるというものではないことを理解する必要がある。プライベートバンカーならば、この上場までのエクイティストーリーを知っておいて、意欲のある経営者にアドバイスできるようになってほしい。

6 金融機関に求められるプライベートバンカーとは

　上場を目指す、目指さない、あるいは、後継者がおらず会社を売却しようとする場合でも、会社と個人資産を区別して会社としての価値、売却価格を知っておくことは重要である。株式公開の専門家としてのアドバイスはできないとしても、プライベートバンカーとしてオーナー経営者のことを考え、適切なタイミングで適切なアドバイスをし、事業の将来を第三者として相談にのれる知識と信頼を築くことが大切である。

　プライベートバンカーというと、プライベートなつき合いまでする一族の執事というイメージがある。執事であればかゆい所に手が届くことも強みかもしれないが、オーナー経営者が金融マンに期待しているのは、やはり金融に関する知見であることを忘れてはならない。

　金融機関も大手になればなるほど専門性が求められる一方で、ファイヤーウォールが敷かれ、セクショナリズムになりがちだ。自分は資産運用だけ、自分は保険だけ、税務は税理士を紹介するだけとなりがちだ。もちろん、業法の関係もあるので税理士業務や弁護士業務に踏み込む必要はないが、オーナー経営者のために税理士や弁護士とも対等につき合える金融マンとしての見識が求められる。

　顧客が必要とするのは、適切な専門家にたどり着くための水先案内人だ。よき水先案内人ならば、顧客が安心して目的地までたどり着ける地図を持たなくてはならない。そのための知識がエクイティストーリーである。実際に企業価値を算出したり価格交渉したりするのはそれぞれの専門家かもしれない。しかし、プライベートバンカーは顧客の想いを実現するための専門家と

して、水先案内する覚悟が必要となる。

> **Short Story　株式公開のメリットとデメリット②**
>
> 　早瀬はこの日、川上社長との約束で株式公開について話をするために、川上光学を訪れていた。応接室に通され、しばらくすると、川上社長と長男の浩一が部屋に入ってきた。
> 「やあ、早瀬さん。お手間を取らせて悪いね。今日は、よろしくお願いします」
> 　川上社長が挨拶をして、今日のことは2人に任せるといった。
> 「いつもお世話になっております。父が無理をいったみたいで、お忙しいのにすみません」
> 　浩一はそういって頭を下げた。年齢は40歳、技術者であり、川上社長から研究開発部門の責任者を任されている。話をしたこともこれまでに何度もあるが、軽率な判断で株式公開を考える人間ではない。早瀬は、浩一の考えをじっくり聴きたいと思っていた。
> 　3人が席に着くと、浩一が口を開いた。
> 「先日のお話は、父から聞きました。父には誤解を与えたようですが、私が株式公開を考えているのは、研究開発費を調達する手段としてです」
> 　浩一は、顧客の要望にきめ細かく答えられる技術力も必要だが、自らシーズの顕在化と製品化をしていくことも必要なこと、しかし、自己資金での研究開発には限界があること、それを支援する公的資金にはさまざまな制限があることなどを説明した。
> 　早瀬は、その1つひとつにうなずいた。
> 「研究開発部門を強化していくんですね。御社の技術力や開発力なら、証券市場も賛同してくれると思います。株式公開すれば知名度・信用度も向上して、優秀な人材の採用も可能になると思います」
> 　早瀬の言葉に、浩一は安堵の表情を浮かべた。しかし、早瀬はこう言葉を続けた。
> 「ですが、その一方で、証券市場で自由に株式が売買されるようになると、M&Aや投機的取引の対象になる危険もあります。また、そうならないまでも、御社への評価は、川上社長が築き上げ、浩一さんが受け継いだ技術の独

自性にありますが、御社のこれまで築き上げたものづくりの哲学にも株主が口を出すようになります。そうした点については、どうお考えでしょうか」
「それは、安定株主対策で対応していきます」
「安定株主対策には専門家がいますので、具体的な取り組みについてはご心配ないと思います。ですが、今度はその対応に時間を割かれることになります。いえ、それ以前に、公開準備に数年かかりますが、その間も、その後もいままでのようには研究開発や社員の指導に専念できなくなると思います」
「それも、ある程度は覚悟しています。株式事務や情報公開のための事務負担も管理部門を強化して対応します……。でも、研究開発に力を入れていきたいのに、それ以外の部門もかなり強化していかないといけないわけですね。わかってはいたはずなのに、あらためて質問に答えると、負担の重みを少し実感できたような気がします」
「川上社長や浩一さんでなければできない負担も生じてきます。株式公開するということは名実ともに会社が公器となるわけですから、まずは会社の資産と経営者の資産を整理する必要があります。経営者の立場と所有者である株主の立場を区別して考えなければなりません。先ほど、御社の技術なら市場の賛同を得られると申し上げましたが、そのためには、川上社長や浩一さんが、投資家や他の株主の前で事業計画や研究開発計画、御社の技術力などを説明し、訴えなければなりません。事業の成長を裏づける数字とそれを成し遂げる想いや情熱を示さないと、株主はついてきてくれません」
　浩一は言葉が出てこなかった。研究開発計画や技術を説明することはできるが、情熱を示すとはどういうことなのか、想像できなかった。
「株式を公開した後は、成果の報告です。株主は事業の成長による株主利益の拡大を求めています。配当や売却益が得られれば満足しますが、それが得られなければ、ときには経営者に詰め寄ってくることもあります。成功を収めた経営者でも、そういった修羅場を経験してきた人も少なからずいます。毎年、同じ利益だけ上げていてもキャピタルゲインを狙った投資家は満足しません。利益が成長するシナリオを投資家やアナリストに示さないと評価されないのが現実です。安定株主をつくることも意識しなければいけません」
「それは、どんなときでも株主と向かい合うという覚悟ですね」
「それが、パブリック・カンパニーとなった公開企業の経営者の責任でもあります」

「早瀬さんは、うちの数字をどう見読みますか」
「安定性を裏づけることができますが、投資家が満足する数字を示すことは難しいのではないかと思っています」
　浩一は目をつぶり、眉間にしわを寄せてしばらく黙っていた。早瀬はその表情を見て、身が引き締まる思いだった。株式を公開するということは、ときとして修羅場へと足を踏み入れることにもなりかねない。それゆえ、相談を受ける際は、裏方とはいえ、社長とともに戦場に立つ覚悟で、社長の想いを数字で裏づけていかなければならないのだと思った。

第4章

富裕層顧客の特性とアプローチ法

農家・地主への アプローチとポイント

1 農家・地主へのアプローチ

　農家や地主の多くは代々その土地に住む旧家であり、なかにはその地域の名家として続いているものもある。農家や地主には特有の気風や価値観があり、その点について理解しておくと顧客との関係構築に役立つ。特に土地についての思いは、公示価格や取引価格などでは計れないものがある。多くの農家や地主にとって、土地は個人の所有物というよりも、先祖から受け継ぎ子々孫々と伝えていかなければならないものという考えが強い。そのため、この点に着目したアプローチが有効となる。

1-1.相続税の基礎知識

　相続は農家や地主にとって関心が高く、アプローチの際に有効な話題である。昨今、金融機関による相続対策も多くなされており、相続に関する基礎知識も十分だと思うので、ここでは見落としがちな点をフォローしていく。

（1）相続人

　相続人を整理すると、図表4-1のようになる。

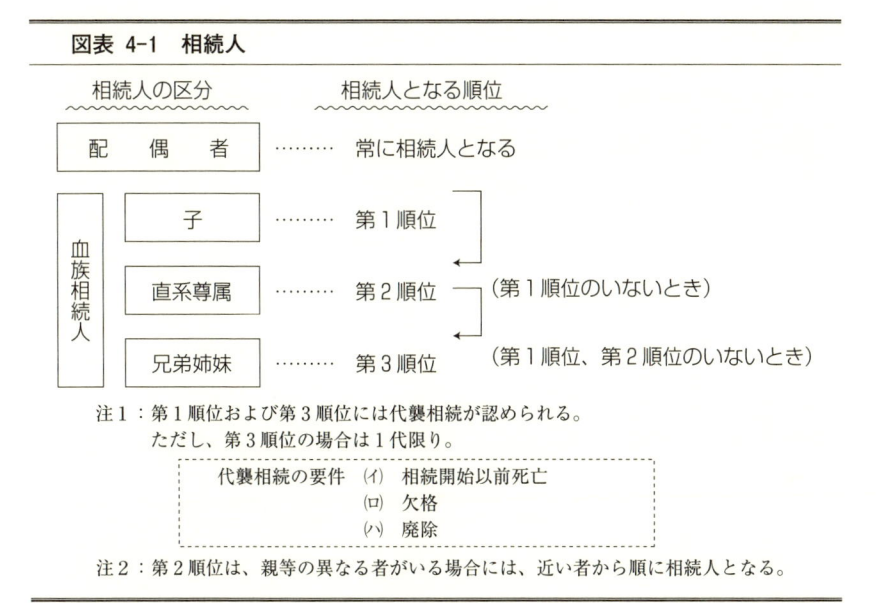

第4章 農家・地主へのアプローチとポイント

図表 4-1 相続人

```
相続人の区分        相続人となる順位

配偶者          ……… 常に相続人となる

┌ 子           ……… 第1順位 ┐
血│                          │
族│ 直系尊属       ……… 第2順位 ┘(第1順位のいないとき)
相│
続│                          
人│ 兄弟姉妹       ……… 第3順位  (第1順位、第2順位のいないとき)
└
```

注1：第1順位および第3順位には代襲相続が認められる。
　　　ただし、第3順位の場合は1代限り。

　　　　　代襲相続の要件　(イ) 相続開始以前死亡
　　　　　　　　　　　　　(ロ) 欠格
　　　　　　　　　　　　　(ハ) 廃除

注2：第2順位は、親等の異なる者がいる場合には、近い者から順に相続人となる。

直系尊属

　相続人における第2順位の「直系尊属」とは何を意味するのだろうか。第1順位が「子」、第3順位が「兄弟姉妹」と特定しているのに対し、なぜ「直系尊属」は父母、祖父母などと特定しないのだろうか。さらにいえば、第1順位の「子」や第3順位の「兄弟姉妹」に代襲の定めがあり、家系図を下へ降りていくのに対し、「直系尊属」で家系図を上へ昇っていく場合のルールはどうであろうか。民法では、「直系尊属」を「血族相続人」が複数いる場合、原則として均分相続と定めている。

[考えてみよう]

　下記の例1～6は、相続相談をした顧客の家族構成を図式化したものである。「被」は被相続人（顧客）、「配」は配偶者、「×」は死亡を意味している。それぞれの例の相続人と相続分を考えてみよう。

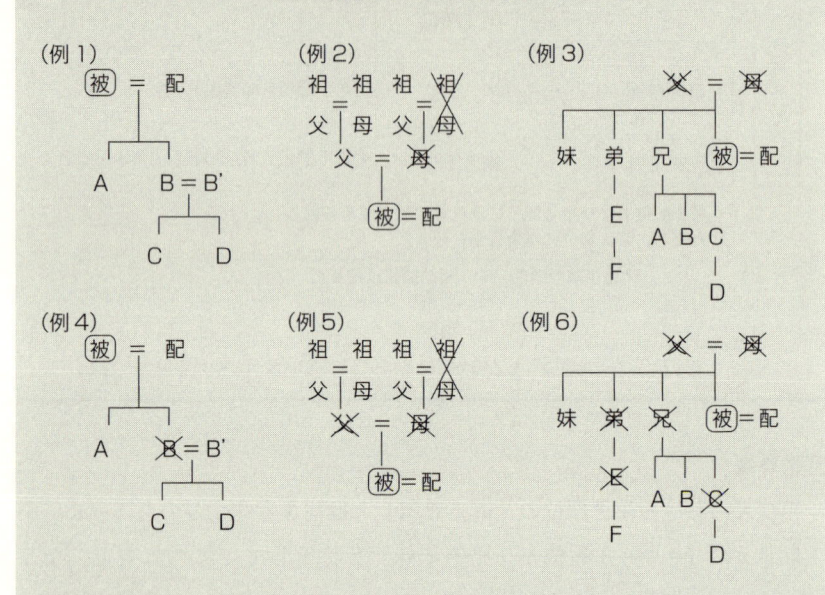

（例1）
```
    被 = 配
     |
  ┌──┴──┐
  A   B = B'
        |
      ┌─┴─┐
      C   D
```

（例2）
```
  祖 祖 祖 祖
  父 母 父 母
         ×  ×
      父 = 母
          ×
       被 = 配
```

（例3）
```
      × = ×
   ┌──┬──┬──┐
   妹 弟 兄 被=配
      |  |
      E  ┌─┬─┐
      F  A B C
              |
              D
```

（例4）
```
    被 = 配
     |
  ┌──┴──┐
  A    × = B'
        |
      ┌─┴─┐
      C   D
```

（例5）
```
  祖 祖 祖 祖
  父 母 父 母
       ×  ×
    父 = 母
     ×    ×
    被 = 配
```

（例6）
```
        × = ×
   ┌──┬──┬──┐
   妹 × × 被=配
   |  |  |
   ×  ×  ┌─┬─┐
   F     A B ×
               |
               D
```

【参考】相続分

相続人	相続分
配偶者と子	配偶者 1/2・子 1/2※
配偶者と直系尊属	配偶者 2/3・直系尊属 1/3※
配偶者と兄弟姉妹	配偶者 3/4・兄弟姉妹 1/4※

※血族相続人が複数いる場合、原則として均分相続。
注1：非嫡出子の相続分は嫡出子の相続分の1/2
注2：被相続人と父母の一方のみを同じくする兄弟姉妹の相続分は、父母の双方を同じくする兄弟姉妹の相続分の1/2

［答え］

例1	配偶者：1/2　A：1/4　B：1/4
例2	配偶者：2/3　父：1/3
例3	配偶者：3/4　兄：1/12　弟：1/12　妹：1/12
例4	配偶者：1/2　A：1/4　C：1/8　D：1/8
例5	配偶者：2/3　父方の祖父：1/9　父方の祖母：1/9 母方の祖父：1/9
例6	配偶者：1/2　妹：1/8　A：1/16　B：1/16

　例2で父の相続分は1/3と即答できるだろうが、上記を踏まえると対象は4人おり、1/12ではないかと迷うかもしれない。しかし、民法889条の但し書きに「親等の異なる者がいる場合は近い者から順に相続人となる」とあり、正解は父が1/3でよいことがわかる。

　例5は均分相続となり、対象の3人が1/9ずつ相続することになる。

異母兄弟姉妹の相続分

　内縁の妻や後妻に子があり、異母兄弟姉妹がいるケースがある。この場合、どうなるであろうか。

　内縁の妻に子がいて認知済であれば、その子は非嫡出子となり、［考えてみよう］の注1にある「非嫡出子の相続分は嫡出子の相続分の1/2」が適用される。

　後妻に子がいる場合は、注2にある「被相続人と父母の一方のみを同じくする兄弟姉妹の相続分は、父母の双方を同じくする兄弟姉妹の相続分の1/2」が適用される。

[考えてみよう]

下記の例7と例8は、相続相談をした顧客の家族構成を図式化したものである。それぞれの例の相続人と相続分を考えてみよう。

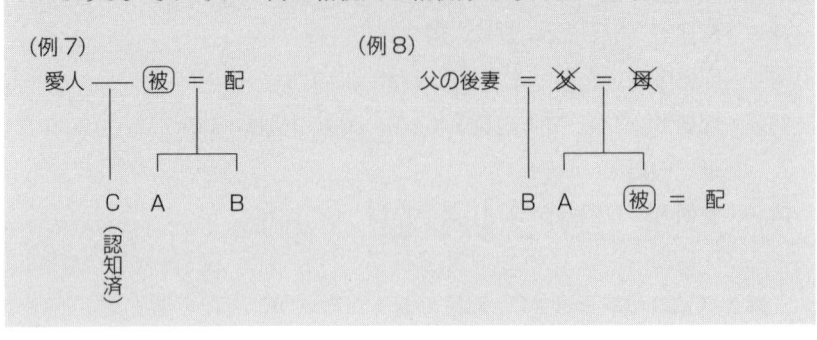

(例7)
愛人 ── 被 ＝ 配
         │   │
      ┌──┼──┐ │
      C A B
    (認知済)

(例8)
父の後妻 ＝ 父 ＝ 母
              │
           ┌──┼──┐
           B A 被 ＝ 配

[答え]

例7　配偶者：1/2　A：1/5　B：1/5　C：1/10
例8　配偶者：3/4　A：1/6　B：1/12

Short Story　家族の呼び名

　早瀬敏夫は妻と息子の翔太、娘の葉月の4人家族である。早瀬の朝は早いが、朝食は必ず家族全員でとるようにしている。その席で妻が娘にいった。
「パパにお願いがあるんでしょ。あなた、聞いてあげて」
「パパ、夏休みはジジのおうちで泳ぎたい」
「そうね。はずちゃんはジジとババから誕生日プレゼントをもらってるしね。あなた、私もおとうさんとおかあさんにご挨拶しないと」
「えー、おじいちゃんちでよっちゃんとカブトムシ採りたい」
「そうか、翔太はおじいちゃんちで、葉月はジジのところがいいのか」
　そういって、早瀬はふと先日訪問した顧客のことを思い出した。その日は、顧客夫婦との会話から家族構成を把握しようとしたのだが、その際の家族の

呼び名は「じいさん」「ばあさん」「息子」「弟」など、さまざまなものがあり、家族構成を理解するのに苦労した。確認しながら話を聞いていくと、息子とは長男のことであり、弟は顧客の弟ではなく次男のことだった。また、同一人物の呼び名が夫と妻で違っていたりもした。そのときは、夫、妻、長男、次男というようにわかりやすい言葉を使ってほしいと思ったが、個々の家族に特有の呼び名を理解することは、顧客との距離を縮めることになるのだと、早瀬は改めて納得した。

〈コラム　相談現場での注意点〉

　実際の相談現場では、ほとんどの場合、家族構成の話から入る。その際に必ず「名前を聞く」「図に書く」ことを実行してほしい。

　顧客に親と子がいる場合、顧客の父は顧客の子から見れば「おじいちゃん」であり、その呼び名が家族のなかで習慣化していることがよくある。そのため、顧客と話をしていると、「うちのじいさんが……」といった言い方をされるケースがある。顧客の年齢を考慮すれば、その「じいさん」が顧客の実父であることは想像できるのだが、家族構成が複雑になればなるほど人間関係が理解できなくなる。

　もう1つは、顧客の思い込みや誤解である。義務教育でも相続に関する授業が行われているなど、顧客も相続分をなまじ知ることが多い。だが、実際は、第3順位の兄弟姉妹を意外と知らず、嫁や養子へ出した場合はもう相続人でないと思い込む人もいる。ほとんどの人が、知っていると思い込んでしまっているだけなのである。誤解に基づき法定相続人を間違えればプランニング自体が成り立たなくなるのだ。

（2）相続相談のポイント

　相続に関する相談を受ける際、特に注意しなければならないことがある。まず、相続相談一般にいえることであるが、顧客の家族構成や親類関係をしっかり確認し、相続人を正確に把握すること。次に相続人に関して顧客が誤解をしている場合、その誤解を顧客の気分を損なわないように解消すること

である。正確な情報の提供はプライベートバンカーの務めでもある。

以上が一般的な注意点であるが、これが農家や地主に対する相談となると事情が異なってくる。

[考えてみよう]

> 顧客のAさんは代々続く農家であり、家族構成は、妻、長男、長女、次男の5人である。Aさんはあなたに「子どもたちにも遺産を分けてやりたい」と相談を持ちかけた。対応として適切なのは次のうちどれか。
> ① 「奥様が2分の1、お子様方が6分の1ずつの相続となりますから……」と、法定相続分を前提に話を進める。
> ② 「ご長男が跡を継がれてご実家と農地、その他の土地を相続されると思いますが……」と、長男が資産のほとんどを相続し、その残りを妻とほかの子どもたちに分ける方向で話を進める。

[答え]

> ②が適切である（ことが多い）。農家や地主の場合、跡取りである長男がすべての財産を相続するのが当然だと考える人がほとんどである。出題では「子どもたちに」とあるが、ここでは「本来なら何ももらえないはずの長女と次男にも」という気持ちが込められている。跡取り以外の家族が相続するものについては、金銭や比較的新しく取得した土地など、先祖代々から受け継いできた土地以外のものがよい。

Short Story 農家・地主の心

早瀬は子煩悩な親である。特に娘の葉月は眼の中に入れても痛くないという気持ちでいる。子どもに財産を残せるのであれば、どうせ世の中にはろく

第4章 農家・地主へのアプローチとポイント

な男がいないのだから、すべてを娘に譲りたい。息子の翔太には、それを快く了承するだけの器量と実力を持ってもらいたい。そう思うことがよくある。

そんな早瀬は、農家や地主から相続の相談を受けると、複雑な気持ちになる。もちろん、それを表に出すことはない。そんなことをすればどうなるか、かつて同僚だった山本剛司の経験から学んでいる。

山本は早瀬と同期で、入社1年目に「ティッシュ配りではなく、仕事をさせてください」と、外国為替部への転属を支店長に直談判したことがある。好意的に受け取ればまじめで一途な男なのだが、長男に財産のすべてを相続させたいという顧客に、それではほかの兄弟がかわいそうだと、法定相続分の説明をしたことがある。その途端、彼は顧客の家から追い出され、しばらくの間、出入り禁止となってしまった。

〈コラム　顧客アプローチの心得（農家・地主）〉

そもそも相続分とは何であろうか。法定相続には強制力があると誤解している顧客も多いのではなかろうか。しかし、これは目安にすぎない。裁判官は「争族」の際これを目安に判断する。

ここで、農家の顧客から相続の相談を受けた場合、法定相続を提案するのはあまりにも安易で顧客の信頼を失いかねない。地主の顧客からすれば誰の味方なのかということになる。

地主たちの心理には特有なものがある。戦前、家督という考え方があり、跡継ぎが遺産を多くもらうことは当然で、次男以下は少しでももらえればといった具合であった。今でも地主たちの考えはこれに近いものがある。そして「自分の代で面積を減らしてはいけない」というDNAを強く引き継いでいる。したがって、跡継ぎが「売ってはいけない財産、守るべき財産」を相続し、次男以下はまっとうに生活できればといった程度で分け合う。また、「家」という概念を相続するかのごとく、次男以下は兄さんが家を守るために遺産を預かっているといった意識で受け入れるのだ。

なお、私は農家の顧客と会う際は、14時にアポイントを入れ、その後の予定を入れない。銀行員には制約もあるだろうが、分刻みのビジネス現場とは異なり、時間がゆっくりと流れている。まずはそうした波長に合わせることがアプローチの段階では重要である。

（3）相続税の計算

相続税の計算について改めて整理しておく。これについても一通りの知識を有していると思うが、仮に顧客から相談を受けた際、顧客の前で計算に時間がかかるようでは面目が立たない。顧客が痺れを切らす前に、すばやく計算するのもプライベートバンカーのたしなみである。

まず、つぎの問題に答えてほしい。

[考えてみよう]

下記の事例の場合、各相続人の相続税はいくらになるか計算してみよう。

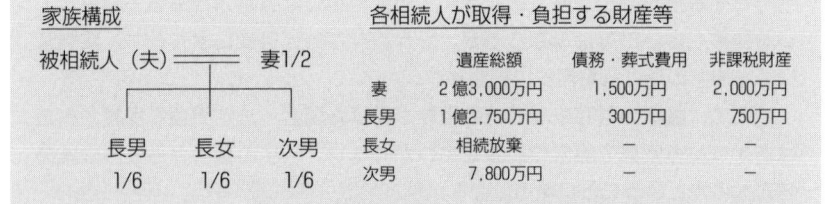

家族構成

被相続人（夫）＝＝＝妻1/2

長男 1/6　長女 1/6　次男 1/6

各相続人が取得・負担する財産等

	遺産総額	債務・葬式費用	非課税財産
妻	2億3,000万円	1,500万円	2,000万円
長男	1億2,750万円	300万円	750万円
長女	相続放棄	ー	ー
次男	7,800万円	ー	ー

参考：相続税額速算表

各法定相続人の取得金額	税率	控除額
1,000万円以下	10%	0万円
3,000万円以下	15%	50万円
5,000万円以下	20%	200万円
1億円以下	30%	700万円
3億円以下	40%	1,700万円
3億円超	50%	4,700万円

[答え]

妻	納める相続税なし	長男	2,010万円
次男	1,340万円	長女	納める相続税なし

相続税額は5つのステップを踏むことによって導かれる。上の問題の相続税額の計算方法を示したものが、図表4-2である。

図表4-2について補足すると、ステップ1で正味の遺産額を計算した際、各相続人のあん分割合を確認しておく。このあん分割合はステップ4で税額控除前の各人の税額を計算する際に使用する。

ステップ2で遺産に係る基礎控除を顧客に説明する際、顧客が次のような勘違いをすることがある。

5,000万円＋1,000円×4人の計算式を「5,000万円足す1,000万円に法定相続人の数4人をかけますと……」と何気なく話すと、顧客によっては(5,000万円＋1,000万円)×4人＝2億4,000万円と誤解する人もいる。

そのため、「1,000万円に法定相続人の4人をかけた4,000万円に5,000万円を足して……」とすると誤解が生じず、スムーズに理解が進むことが多い。金額が多い場合は、位取りにも注意する。例えば、数字に不慣れな人が

図表 4-2　相続税の計算方法

前提条件

家族構成

被相続人（夫）＝妻1/2
　├ 長男 1/6
　├ 長女 1/6
　└ 次男 1/6

各相続人が取得・負担する財産等

	遺産総額	債務・葬式費用	非課税財産
妻	2億3,000万円	1,500万円	2,000万円
長男	1億2,750万円	300万円	750万円
長女	相続放棄	—	—
次男	7,800万円	—	—

ステップ1．正味の遺産額を求める

遺産総額 －（債務、葬式費用 ＋ 非課税財産） ＝ 正味の遺産額
　　　　　　　（相続前3年以内の贈与や相続時精算贈与があれば加算）

						〈課税価格〉	〈あん分割合〉
妻	2億3,000万円	－	(1,500万円	＋	2,000万円) ＝	1億9,500万円	(0.50)
長男	1億2,750万円	－	(300万円	＋	750万円) ＝	1億1,700万円	(0.30)
長女	0円	－	(0円	＋	0円) ＝	0円	(0.00)
次男	7,800万円	－	(0円	＋	0円) ＝	7,800万円	(0.20)
(計)	4億3,550万円		1,800万円		2,750万円	3億9,000万円	(1.00)

ステップ2．課税遺産額を求める

課税価格の合計額　　　－　　　遺産に係る基礎控除　　　＝　　　課税遺産額
3億9,000万円　　　　　　　　　　　9,000万円　　　　　　　　　　3億円
　　　　　　　　　　　　〔5,000万円＋1,000万円×法定相続人の数（4人）〕

ステップ3．課税遺産額3億円の法定相続分に対する税額

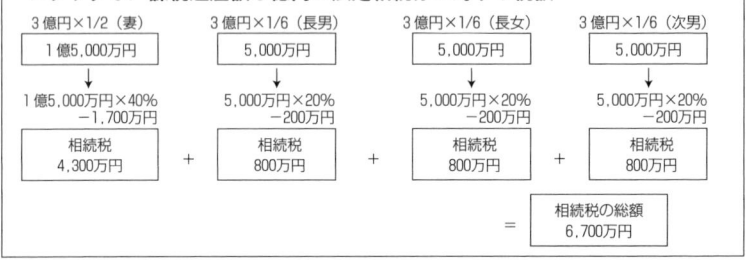

3億円×1/2（妻）　　3億円×1/6（長男）　　3億円×1/6（長女）　　3億円×1/6（次男）

| 1億5,000万円 | 5,000万円 | 5,000万円 | 5,000万円 |

↓　　　　　　　↓　　　　　　　↓　　　　　　　↓

1億5,000万円×40%　　5,000万円×20%　　5,000万円×20%　　5,000万円×20%
－1,700万円　　　　　－200万円　　　　　－200万円　　　　　－200万円

| 相続税 4,300万円 | ＋ | 相続税 800万円 | ＋ | 相続税 800万円 | ＋ | 相続税 800万円 |

＝　相続税の総額　6,700万円

ステップ4．相続税の総額6,700万円を実際に相続した財産額であん分する

正味の遺産額3億9,000万円を次のように相続した

6,700万円×0.50　　6,700万円×0.30　　6,700万円×0.00　　6,700万円×0.20
　　（妻）　　　　　（長男）　　　　　（長女）　　　　　（次男）

↓　　　　　　　↓　　　　　　　↓　　　　　　　↓

＝　相続税 3,350万円　＝　相続税 2,010万円　＝　0 円　＝　相続税 1,340万円

ステップ5

妻	3,350万円	－	※ 3,350万円	＝	納める相続税なし
長男	2,010万円	－	※ 税額控除等 0	＝	2,010万円 （←納める相続税）
次男	1,340万円	－	※ 税額控除等 0	＝	1,340万円 （←納める相続税）
長女	相続税＝ 0				

※税額控除等には……2割加算、贈与税額控除、配偶者の税額軽減、未成年者控除、
　　　　　　　　　　障害者控除、相次相続控除、外国税額控除、精算課税控除がある。

50,000,000と数字を見せられてもすぐに金額を把握できず、一十百……と数え始める。また、銀行員が使う「50百万」「50M」なども避けたい。「5,000万円」というように顧客にとってなじみがある「万円単位」で統一するとわかりやすい。

1-2. 農地の理解

　農家の顧客にアプローチするうえで、農地法を理解しておくことも有用である。そのなかでも第3条、4条、5条を押さえていればまずは十分である。基本的に農地法の主旨は、農地は農地として残すというものであり、第3条のような農家同士の売買（図表4-3参照）であれば農地は維持され、農業委員会で許可される。この農業委員会は市役所にあり、役員は地元農協の役員が兼務することも多く、買い手が農家であるかなどさまざまな情報を持っている。これに対し、第4条、5条のような宅地化に対しては厳しい条件がつく。では、それぞれのポイントを見ていく。

(1) 3条許可

　図表4-3を見ると、3条許可の備考に「取得後農地面積が5,000㎡以上であること」とある。しかし、実務では100坪前後の条件を満たさない農地がある。それはなぜだろうか。実は、100坪の農地を弟へ贈与・売買することはできるのである。条文によれば、同居家族が農業を行っていればよいのである。

図表 4-3　農地法3条、4条、5条の趣旨

	3条許可	4条許可	5条許可
目　的	農地を農地として所有権を売買、贈与	農地を宅地等に転用	農地を宅地等に転用する目的で所有権を移転
許可権者	原則として農業委員会	原則として都道府県知事	
備　考	取得後農地面積が5,000㎡以上であること 相続による取得の場合は許可不要（平成21年12月15日以降は届出要）	4ha超の転用は、農林水産大臣の許可が必要 市街化区域内の農地については、あらかじめ農業委員会へ届け出た場合は許可不要	

```
        3条  ┌─農地 B─┐
農地 A ─4条──宅地 A
        5条  └─農地→宅地 B
```

（2） 4条許可、5条許可

　4条許可と5条許可の備考にある「市街化区域内の農地については、あらかじめ農業委員会へ届けた場合は許可不要」とはどういうことだろうか。これを理解するには、都市計画法と農地法の関係を知っておく必要がある。仮に前者を社長、後者を部長と考えるとわかりやすい。すなわち、社長の都市計画法が宅地を推進するため市街化区域を定めた以上、部長の農地法はその大方針に従い、農地を宅地化するのにあえて許可する必要はなく、届け出でよいことになる。

第4章　農家・地主へのアプローチとポイント

〈コラム　1反とは〉
　広さの単位として1反、1町などがあるが、「1反＝1,000平米＝10アール」と覚えておくとよい。
　また、「5,000㎡は何坪か」を即答できるだろうか。ちなみに覚える必要はないが、「1坪≒3.305785平米」であり、1坪＝約3.3平米として割算し約150坪と計算する人も多いだろう。
　しかし、ここで覚えておくとよいのは、「1平米≒0.3坪」である。「5,000㎡×0.3≒1,500坪」と速算できる。これは「1坪≒3.305785」と前述したが、これに3をかけると「3坪≒10㎡」となり上記が導かれる。顧客の前でこうした話をスムーズに展開できれば、プロとしての信頼感が増すだろう。

Short Story　山本剛史の1日

　山本剛史は、早瀬敏夫と同期である。彼には、支店長への直談判以外にも武勇伝（？）がある。彼が1人で顧客を訪問するようになったばかりの頃、訪問先の顧客を激怒させたことがある。その顧客はそれ以降、口をきかず、山本をにらみ続けていたのだが、彼は気にせず話を続けた。顧客から支店に電話があってそのことが発覚したのだが、それを上司が山本に注意すると、彼はまじめな顔で反論した。
「そんなことはありません。僕の目を見て真剣に話を聞いてくれました」
　そんな、彼の1日を見てみよう。彼はこの日、3件の顧客を訪問した。
　最初に訪れた建設会社には、新社長の就任と駅前再開発事業への参入のお祝いで訪問した。新社長への就任のお祝いを述べ、話が再開発事業に及んだとたんに、彼の個性が発揮された。
「駅前再開発事業へのご参入、おめでとうございます」
「おかげさまで、ありがとうございます。まあ、ほんの数％ですけど……」
「いえ、御社の規模と実績でしたら、よくやりましたよ。さすが、社長です」
　山本は社長の業績を称えたつもりだったのだが、社長は素直に喜べなかった。山本はそんな社長の気持ちにはお構いなしで、話を続けた。
「数％とはいえ、○○平方メートルも受け持つんですから、立派ですよ」

社長は笑顔を絶やさなかったが、さすがに何かいってやりたくなった。
「たったの○○ヘーベ（平米）です。でも、平方メートルなんて、素人みたいですね」
「そう、ヘーベです。ヘーベ。私はプロの銀行員です」
　山本はプライドの高い男である。そういったものの、「ヘーベ？　プロはヘーベというのか」と思いながら社長室を辞した。次の顧客は家を二世帯住宅に建て直したいという30代の夫婦である。この日は自宅を訪れ、妻と話をした。
「敷地が△△坪、建坪が……」
　山本は「平米」という言葉を使いたかった。そこで電卓を取り出し、計算を始めた。
「△△坪ということは、□□ヘーベですね」
「△△坪ですけど……。ヘーベってなんですか？」
　あるいは、「へいべい」といわれれば、この奥さんも理解できたかもしれない。「ヘーベ」は土建業独特の言い回しであるうえ、脈絡もなく坪を平米に換算されたのだから、わからなくても仕方がない。だが、山本は得意げに話を進め、顧客宅を辞した。
　最後に向かったのは農家である。訪問先は最寄り駅から徒歩で20分ほどのところにある。山本は炎天下をペットボトルのお茶を飲みながら徒歩で向かった。そろそろ訪問先に着く頃、畑に出ている主人と出会った。挨拶をし、その場で世間話を始めた。山本は、世間話をしている限りは好青年である。農家の主人も山本を気に入っているようだった。だが、話が途切れ、主人が家へ入ろうといったとき、山本が畑を指さした。
「これでどのくらいの広さなんですか？」
「見たとおり、1反だろ」
「つまり、1,000ヘーベですね」
「あん？」
　農家の主人は、顔をしかめ、山本をじろりとにらんだ。山本のスイッチが入った。
　山本は何も気づいていないが、距離や面積などの単位には、日常生活で使用されるもののほかに「尺」「平米」「反」など、特定の業種において常識的に使用される単位がある。農地の場合、行政の書類では一般的な単位である

「㎡」を使用しているが、リテールで農家と話をする際は、その必要がない限り「反」を使用するとよい。初めて訪れた農家で「この農地は何平方メートルですか」などといったら、たいていの場合、素人扱いされてしまう。

（３）改正農地法について

　平成21年に農地法が条文の半分以上に及び改正されたわけだが、われわれが押さえておくべきポイントを絞って解説する。それは１条に示されている。従来は所有＝耕作というように所有者が耕作する、言い換えれば、耕作しない人は持ってはいけないといった概念があり、家族経営を前提としていた。

　しかし、今回の改正では、「①農業制度の基本を『所有』から『利用』に転換し、制度を再構築」と条文にあるように、以前は貸すことも許可しないという姿勢であったが、改正後は一定条件のもと、原則的に借りることが可能となり、大企業の参入が進みつつある。

　その背景には、農家の高齢化とともに相続などによる耕地の分散化のほか、相続人が東京で会社勤めのために帰郷できないなどさまざまな理由があり、耕作放棄地の面積は埼玉県の大きさを超えるともいわれる。食料自給率の低下も問題となっており、多少コストがかかっても国が補助することにより国産の農作物を生産していこうという趣旨の施策といえる。

　また、「⑧遊休農地対策」では、「農業委員会から『遊休農地』であることの通知を受けると、納税猶予はその時点で期限が確定する」とあり、後述する相続税の納税猶予制度の観点から注意が必要である。以前は農業委員会には強い権限がなく、「農業をやりなさいよ」といった注意しかできなかったが、今後は改善を怠れば勧告や通知が出されることになった。

1-3.農地に関する相続税猶予制度

　農地等に関しては、贈与税と相続税にそれぞれ猶予制度がある。ここでは、一般的に利用されている相続税猶予制度について見ていきたい。

（1）相続税猶予制度の変遷

　相続税猶予制度は昭和50年の法施行当時、特定市のいかんを問わず、20年経過すれば免除となるシンプルなものであったが、平成4年と平成21年に大きく改正されている。現行法のみならず、それ以前の制度を利用している顧客もいるので、制度の変遷について概略を押さえておきたい（図表4-4参照）。

平成4年度の改正
　平成3年になると生産緑地法の改正により、特定市のうち市街化区域の農地に関し、農家は一斉に宅地化農地か生産緑地（正確には「生産緑地地区」として指定された区域内にある農地）かの選択を迫られた。

図表 4-4　相続税猶予制度の改正点のポイント

	特定市		その他	
	市街化区域	市街化区域外	市街化区域	市街化区域外
昭和50年〜平成3年	20年免除			
平成4年〜平成21年 (12/14)	宅地化農地 / ×	生産緑地 / 終身	20年免除	
平成21年〜 (12/15)	宅地化農地 / ×	生産緑地 / 終身	終身	20年免除	終身

生産緑地を選択すると固定資産税が大幅に軽減されるが、宅地化農地のように土地利用の自由度がなくなるため大きな決断が必要だった。例えば、固定資産税の違いは、前者が1万円、後者が100万円といったようにその差が大きい。

これに連動して相続税においても平成3年1月1日現在の特定市について、平成4年1月1日以後に相続が発生した場合の納税猶予制度が改正された。具体的には、宅地化農地を選択するとその農地は猶予制度を適用できなくなるのに対し、生産緑地は終身を条件に猶予制度が維持できるというものである。

平成21年度の改正

今回の改正は、平成4年度のようにその他の地区についても、詳細を定めたものである。具体的には、市街化調整区域は特定市のいかんを問わず終身を条件に猶予が認められる。一方、特定市でないその他の市街化区域は、20年経過で免除ということが維持された。

なお、同地区は特定市ではないといえども市街化区域であり、むしろ猶予の条件を厳しくすべきとの考え方もある。

（2）相続税の納税猶予の概略

相続税の納税猶予の概略は、図表4-5に示したとおりである。その注意点を見ていく。

農地等の取得期限

図表4-5の「農地等」の項目を見ると、「①申告期限内に分割等により取得」とある。この要件は厳密に守らねばならない。仮に親族間の協議が申告期限内にまとまらなかったとしたら、相続税の納税猶予は受けられなくなる。

図表 4-5 相続税の納税猶予の概略

```
┌─────┐
│  父  │──被相続人〈要件〉 ①死亡の日まで農業を営んでいた個人
└─────┘            ②農地等の一括贈与をした個人
   ↓
┌─────┐
│農 地 等│──取得〈要件〉 ①申告期限内に分割等により取得
└─────┘            ②贈与税の納税猶予の適用を受けていた農地等
   ↓
┌─────┐
│  子  │──農業相続人〈要件〉 ①申告期限までに農業経営を開始する相続人
└─────┘               ②贈与税の納税猶予の適用を受けていた受贈者
   ↓
┌─────┐
│申告手続│──〈要件〉 ①期限内申告書の提出
└─────┘         ②担保の提供
   │
   │     ┌─────┐
   ├────→│相続税納税│…特例農地等の農業投資価格部分とその他の財産
   │     └─────┘   に対する相続税
   ↓
┌─────┐
│相続税猶予│…特例農地等の価額のうち、農業投資価格を超える部分に対する相続税
└─────┘
   │
   │     ┌──────┐
   ├────→│全部打ち切り│
   │     └──────┘
   ↓
┌──────┐
│一部打ち切り│
└──────┘
   ↓
┌─────┐
│相続税免除│──〈要件〉 ①農業相続人の死亡
└─────┘         ②申告期限から20年を経過したとき（平成4年1月1日以
                 後に開始した相続について特例農地等が都市営農農地等
                 であるとき、または、平成21年12月15日以後に開始した
                 相続について、特例農地等が市街化区域外の農地等であ
                 るときは、この免除要件はない。）
                ③農業相続人が特例農地等を一括贈与したとき
```

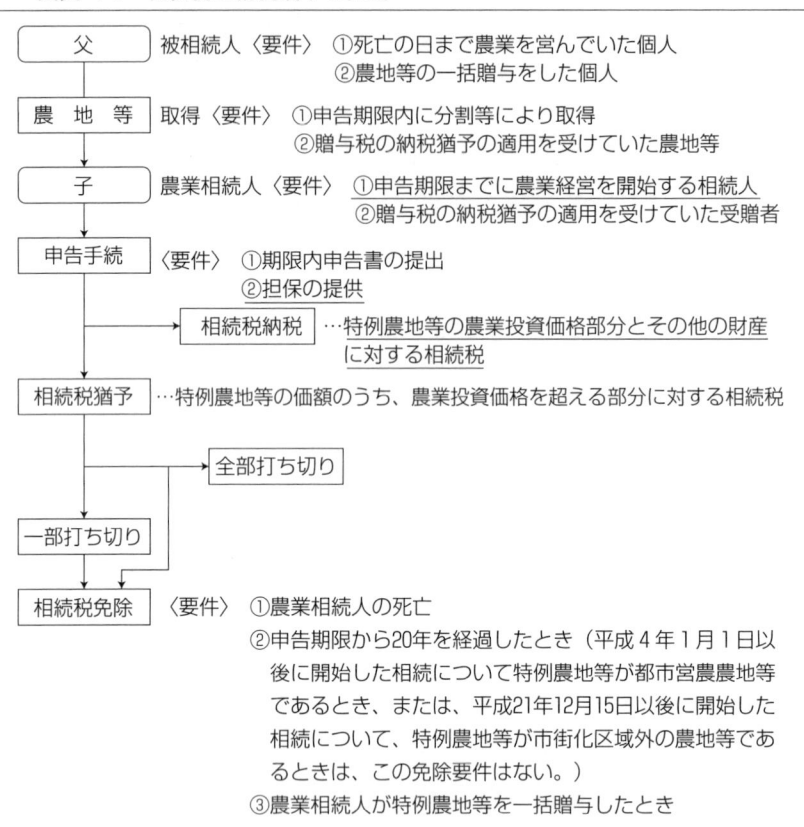

こうしたケースではまさに遺言が有効となる。

　なお、これに関連する相続税の特例として申告期限内が条件となっているものに「小規模宅地等の減額」や「配偶者の税額軽減」がある。これらは期限内に協議が整わなくても、その後3年以内に協議が成立すれば特例が受けられる。

担保の提供

次に「申告手続」の項目を見ると、「②担保の提供」とある。この制度は納税の猶予であるため、本来納めるべき税額は国からの借金として位置づけられ、利息もかけられている。そのため、担保の提供が必要になる。後で説明するが、一定の要件が整えばこの税金と利息は免除される。

農業投資価格分の納税

「申告手続」と「相続税猶予」を結ぶ矢印から派生して「相続税納付」という項目がある。これはすべての相続税が猶予されるわけではなく、そこに記されている「特例農地等の農業投資価格部分とその他の土地に対する相続税」を納めなければならない。

農業投資価格とは、恒久的に農業の用に供されるべき農地として自由な取引が行われるものとした場合における取引において通常成立すると認められる価格をいい、相続人が農地等を相続して農業を営む場合には、一定の要件のもとに、その取得した農地等の価格のうち農業投資価格を超える部分に対応する相続税の納税が猶予される。

[考えてみよう]

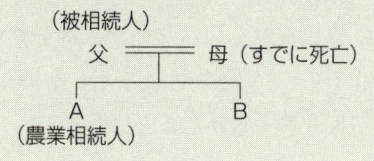

> 父の財産のうち、特例農地3億1,000万円（農業投資価格1,000万円）とその他財産1億9,000万円のうち9,000万円をAが相続し、残りの財産（1億円）をBさんが相続した場合、各人が納付すべき相続税額およびAさんの納税猶予額を求めなさい。
>
> （被相続人）
> 父 ＝＝＝ 母（すでに死亡）
> ┌───┴───┐
> A　　　　　B
> （農業相続人）

[父の遺産] .... [取得者]
・特例農地3億1,000万円（農業投資価格1,000万円）............ Aさん
・その他財産1億9,000万円（うち9,000万円）.................. Aさん
　　　　　　　　　　　（うち1億円）........................ Bさん

[答え]

- 納税額：Aさん1,250万円　Bさん1,250万円
- 納税猶予額：1億1,300万円

具体的な計算は下記の図のとおりである。

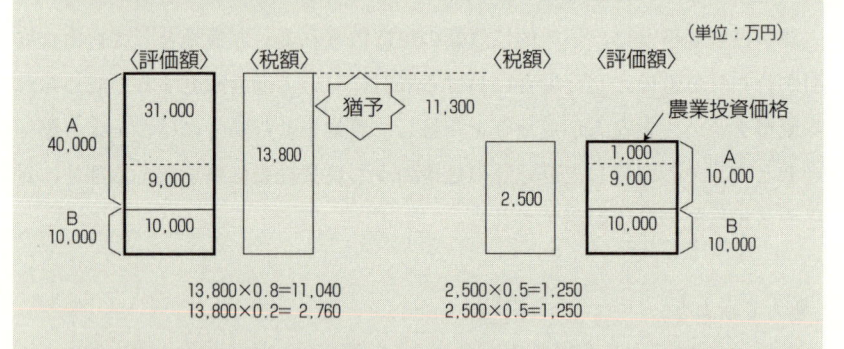

（単位：万円）

〈評価額〉　〈税額〉　　　　　〈税額〉　〈評価額〉

A 40,000
31,000
9,000
B 10,000
10,000

13,800

猶予 11,300

2,500

農業投資価格
1,000
9,000
A 10,000
10,000
B 10,000

13,800×0.8＝11,040
13,800×0.2＝ 2,760

2,500×0.5＝1,250
2,500×0.5＝1,250

特例農地等の農業投資価格部分とは、本ケースでは評価額3億1,000万円が1,000万円となり、税額が1億3,800万円と2,500万円の差額1億1,300万円が納税猶予となる。

　ここでやや不思議に感じるかもしれないが、跡を継がないBさんの税金も2,760万円から1,250万円へと減ることになる。結果として、Bさんの軽減分はAさんの猶予額へ振り替えられることになる。
　この点に異を唱え、そもそも猶予制度を申し立てていないBさんは元の

2,760万円を払うべきといった考え方も当然成り立つ。実際、自民党政権下の税制改革の議論では、同主旨の「遺産取得課税方式」が検討されていた。

納税猶予の打ち切り

納税猶予の対象となる農地の20％を超えて耕作をやめると、納税猶予がすべて打ち切られる。プランニングを行う際はこの点も考慮したほうがよい。

[考えてみよう]

> 農家の跡取りであるAさんのプランニングをしている際、納税猶予制度を有効に活用したいが、将来的に相続する農地のうち4分の1程度を宅地化するかもしれないとの話があった。Aさんの希望に適う案を示しなさい。

[答え]

> 一案としては、対象地を13％と12％に分け、「将来も農地である75％」と「宅地化予定の13％」の合計88％で申告を行い、ある時点で宅地化したとしても、13÷88＝14.8％で20％以内にとどめることができる。

相続税の免除

①農業相続人の死亡、②申告期限から20年を経過したとき、③農業相続人が特例農地等を一括贈与したとき、のいずれか1つが満たされた際は、猶予されていた納税とその利息を免除される。ただし、要件の②に関して、平成4年1月1日以降に開始した相続については、特例農地等が都市営農地等（生産緑地）であるときは、この免除要件は適用されない。

(3) 生産緑地法の概要

　平成4年の税制改革が行われる前年に、生産緑地か宅地化農地かの選択に農家が悩んだことは前述のとおりである。ここでは、生産緑地法について簡単に見ていく。同法の概要は図表4-6のとおりである。
　ポイントとなる箇所にアンダーラインを引いたので見てみよう。

買い取りの申し出
　図表4-6に「次に掲げる要件に該当する場合には、市町村長に対して買い取りの申し出ができる」とある。緑を守るという法律でありながらも、売却による土地活用の余地が、例えば「②主たる農業従事者の死亡等」など一部残されている。

買い取りまたは行為制限の解除
　「買い取りまたは行為制限の解除」に関して、「買い取りの申し出があった場合、市町村長は特別の事情がある場合を除き時価で買い取る」とある。
　しかし、生産緑地法が施行されたのはバブル崩壊後であったため、実際のところ、市町村は財政難で買い取りができず、「買い取りの申し出があった日から3ヵ月以内に市町村長が買い取らない場合は、建築等の制限が解除される」とあるように、結果的には誰へ売ってもよいという状態になっているのである。

図表 4-6　生産緑地法の概要

地区面積	500㎡以上
建築等の制限	・宅地造成、建物等の建築には、公共施設の設置などの要件に該当する場合を除き、市長村長の許可が必要 ・農業等を営むために必要とされる一定の施設等（注）以外の建築は原則として不許可 　（注）　一定の施設等 　　　　　農産物、林産物または水産物の生産または集荷の用に供する施設 　　　　　農林漁業の生産資材の貯蔵または保管の用に供する施設 　　　　　農産物、林産物または水産物の処理または貯蔵に必要な共同利用施設 　　　　　農林漁業に従事する者の休憩施設 　　　　　その他政令で定める施設
	・次に掲げる要件に該当する場合には、市長村長に対して買い取りの申し出ができる。 　① 生産緑地地区の指定がされてから30年経過した場合 　② 主たる農業従事者の死亡等、農業を続けていくのに困難な一定の事由が発生した場合 　　（注）　一定の事由 　　　　1．「主たる農業従事者等の死亡」 　　　　　「主たる従事者」が65歳未満の場合、その1年間の従事日数の8割以上従事している者、または65歳以上の場合は7割以上従事している者も、「従たる従事者」として「主たる従事者」と同様にみなされる。 　　　　2．「農業に従事することを不可能にさせる故障」 　　　　　(1)　両眼の失明 　　　　　(2)　精神の著しい障害 　　　　　(3)　神経系統の機能の著しい障害 　　　　　(4)　胸腹部臓器の機能の著しい障害 　　　　　(5)　上肢もしくは下肢の全部もしくは一部の喪失またはその機能の著しい障害 　　　　　(6)　両手の手指もしくは両足の足指の全部もしくは一部の喪失またはその機能の著しい障害 　　　　　(7)　以上に掲げる障害に準ずる障害 　　　　　(8)　1年以上の期間を要する入院 　　　　　(9)　※「その他の事由」により農業に従事することができなくなる故障として市長村長が認定したもの 　　　　　　　※「その他の事由」 　　　　　　　　① 主たる従事者が養護老人ホーム等に入所する場合 　　　　　　　　② 著しい高齢（80歳程度）となり、運動能力が著しく低下した場合 　　　　　　なお、以上の認定にあたっては、医師の診断書等、農業継続の判定となる客観的資料が必要となる。
買い取りまたは行為制限の解除	・買い取りの申し出があった場合、市長村長は特別の事情がある場合を除き時価で買い取る。（自ら買い取らない場合は、農業等の従事者に買い取りのあっせんを行う。） ・買い取りの申し出があった日から3ヵ月以内に市長村長が買い取らない場合は、建築等の制限が解除される。

〈コラム　今後の相続税改正動向〉

　2009年に政権交代があったが、税制改正の動向にも変化が生じている。基本的には国の財政難のなか、基礎控除を引き下げるなど増税の流れがあることは想像できる。実際、自民党時代は図表4-7にある「(2)遺産取得課税」が議論され、民主党は「(1)遺産課税」を主張し始めたが、各々を見ていく。

　まず「(2)遺産取得課税」は、どういう分け方でも税金の総額は変わらない「(3)現行制度（法定相続分課税方式）」とは異なり、累進課税のように多くもらった人には高い税率をかける方式で、トータルとしては税額が増えそうなイメージがある。また、現行制度では基礎控除内で収まるケースが大半であるが、仮に遺産取得課税を採用すれば、基礎控除の金額次第でかなりの人が申告を要することになりそうだ。

　一方、「(1)遺産課税」は米国で採用されているが、まったく観点が異なり、「被相続人が最後に払う所得税」ととらえるとわかりやすい。すなわち、残りの財産を相続人が分けることになるのだが、混乱が生じないのは米国では遺言が当たり前となっているからだ。

　特に地主など田畑とともに家を守るといった習慣の残る日本では、現行制度が適しているといった意見もあるが、引き続き今後の議論の行方には注意を払ってほしい。

図表 4-7 相続税制の行方

遺産課税方式・遺産取得課税方式・現行制度のイメージ

(1) 遺産課税（米・英）

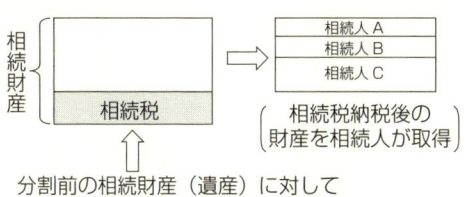

相続財産（相続税）→ 相続人A／相続人B／相続人C
（相続税納税後の財産を相続人が取得）

分割前の相続財産（遺産）に対して一定の率（累進または定率）で課税

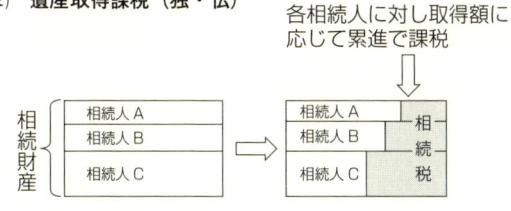

(2) 遺産取得課税（独・仏）

各相続人に対し取得額に応じて累進で課税

相続財産：相続人A／相続人B／相続人C ⇒ 相続人A＋相続税／相続人B＋相続税／相続人C＋相続税

(3) 現行制度（法定相続分課税方式）日本

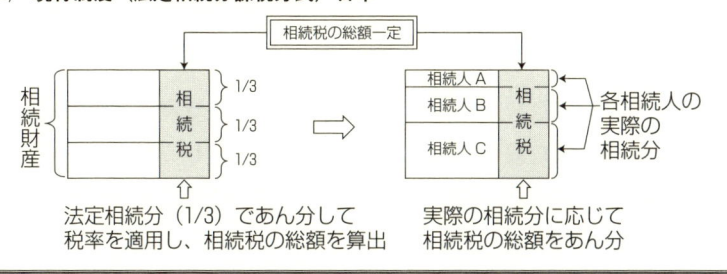

相続税の総額一定

相続財産 → 相続税 1/3、1/3、1/3 ⇒ 相続人A／相続人B／相続人C＋相続税（各相続人の実際の相続分）

法定相続分（1/3）であん分して税率を適用し、相続税の総額を算出

実際の相続分に応じて相続税の総額をあん分

2 農地と宅地の税制 Q&A

　ここからは、相談事例をもとに農家や地主へのアプローチのポイントを紹介していく。

(1) 贈与税と相続税の関係

[相談内容]

> 　贈与税の納税猶予と、相続税の納税猶予とはどのような関係にあるのでしょうか。

[回答例]

> 　この2つの制度は、一定の要件のもとに、農業後継者または農業相続人が農業経営を維持継続することを前提として設けられているもので、相互に密接な関係にあります。納税猶予の適用を受けていた贈与税は、農地等の贈与者が死亡したときに贈与者から受贈者が相続または遺贈により取得したものとみなされ、相続税の課税対象となります。この場合、その受贈者である相続人等は、原則として、相続税の納税猶予の特例を選択することができます。
> 　また、納税猶予の適用を受けた相続税は、その農業相続人が20年間農業を継続した場合（平成4年1月1日以後に開始した相続については、

特例農地等に都市営農農地等が含まれている場合などを除きます）に免除されますが、20年を経過する前日に、農地等の一括贈与をした場合にも、猶予されていた相続税は免除され、次の世代の農業相続人の贈与税の納税猶予が開始することになります。贈与税と相続税の納税猶予の関係を図示すると図表4-8のようになります。

ただし、贈与税の納税猶予の適用を受けていない農地等でも相続税の納税猶予を選択することはできますし、逆に贈与税の納税猶予の適用を受けていた農地等について、相続税の納税猶予を選択しなければいけないということもありません。

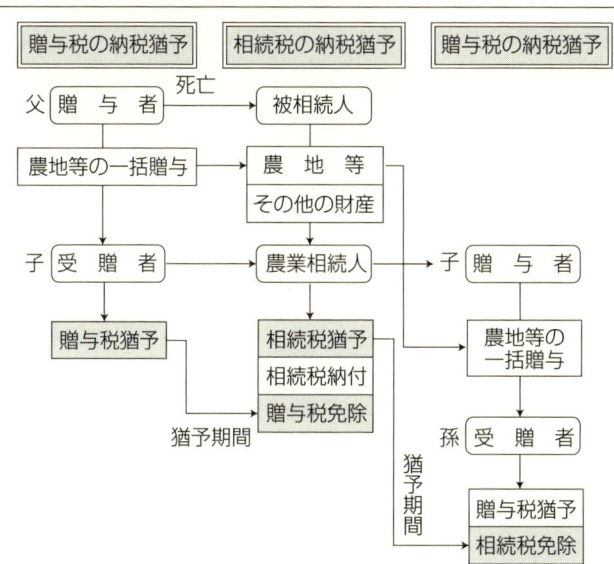

図表 4-8　贈与税と相続税の納税猶予の関係

```
 贈与税の納税猶予      相続税の納税猶予      贈与税の納税猶予
                    死亡
 父 ─贈　与　者─────→ 被相続人
                       │
 農地等の一括贈与       農　地　等
        │           その他の財産
        ↓              │
 子 ─受　贈　者─────  農業相続人 ────→ 子 ─贈　与　者─
        │              │                     │
        ↓              ↓                  農地等の
   贈与税猶予        相続税猶予             一括贈与
                    相続税納付                │
                    贈与税免除               ↓
                                       孫 ─受　贈　者─
   （猶予期間）      （猶予期間）              │
                                              ↓
                                         贈与税猶予
                                         相続税免除
```

注：贈与税の納税猶予の適用を受けていた農地等は、農地等の贈与者（親）が死亡したときに贈与者（親）から受贈者（子）が相続または遺贈により取得したものとみなされ、相続税の課税対象となる。この場合、その受贈者（子）である相続人等は、相続税の納税猶予の特例を選択することができる。

（２）贈与税の納税猶予制度と相続時精算課税制度の適用関係

[相談内容]

　私は農業経営者である父から農業経営を引き継ぐため、その農地の贈与を受けることになりました。この場合、相続時精算課税制度の適用を受けることができますか。

[回答例]

　相続時精算課税制度はその贈与財産の種類を問わないため、農地についても相続時精算課税制度の適用を受けることができます。ただし、贈与者が所有農地の一部を相続時精算課税制度により贈与すると、原則として残りの農地について贈与税の納税猶予を受けることができなくなります。

相続時精算課税と納税猶予

　相続時精算課税制度は、高齢化の進展を踏まえて高齢者の保有する資産を次世代に円滑に移転させる観点から創設された。したがって、その贈与財産の種類は限定されていない。

　一方、従前の農地等を贈与した場合の贈与税の納税猶予制度においても、贈与段階において税負担が相当程度軽減される（実質的には負担が生じない）制度となっており、贈与時の税負担を軽減するという意味においては相続時精算課税制度に通ずるものがある。

　相続時精算課税制度の創設に伴い、その政策目的の性格上、両制度の適用関係の調整が図られることになった。農地について相続時精算課税制度の適

用を受けた（受けようとする）場合には、その贈与者からの贈与については贈与税の納税猶予を適用しないことになっている。

両制度の適用関係

相続時精算課税適用者またはその年中の農地等以外の財産の贈与について相続時精算課税選択届出書を提出しようとする者が、特定贈与者またはその年中に相続時精算課税の適用を受けようとする贈与をした者から贈与により取得した農地等について、納税猶予の適用を受ける場合には、その農地等については相続時精算課税の適用を受けることはできない。

すなわち、相続時精算課税適用者であっても、農地等の生前一括贈与であること等の一定の要件を満たせばその農地等について納税猶予の適用はできるが、納税猶予の適用を受ける農地等については、相続時精算課税の対象とせず、別枠で扱うこととなる。

また、相続税の納税猶予制度の適用を受けている場合であっても、相続時精算課税制度を適用することができる。ただし、この場合、相続税の納税猶予の打ち切りが発生する。

贈与者の要件

次に挙げる場合に該当する者からの贈与については、一括贈与による細分化防止の観点から、贈与税の納税猶予を適用することはできない。

① その贈与の年（以下「対象年」という）の前年以前において、農地を推定相続人に対し贈与した場合で、その農地について相続時精算課税が適用されているとき。

② 対象年において、その贈与以外の贈与で農地および採草放牧地ならびに準農地を贈与している場合。

つまり、贈与者が所有している農地の一部を相続時精算課税制度により贈与をしている場合は、残りの農地について贈与税の納税猶予を適用できない。

また、通常の贈与で弟に農地の一部を贈与し、同年に残りの農地を兄に一括贈与をして贈与税の納税猶予を受けることもできないということである。

（3）農地の納税猶予に関する改正

[相談内容]

農地の納税猶予に関して、ほかにどのような改正があったのでしょうか。

[回答]

営農困難状態での納税猶予の継続や利子税の引き下げなどの改正が行われました。

営農困難状態での納税猶予の継続

改正前は、猶予期間中に身体障害等のやむを得ない事情により営農継続が困難となり、農地の貸付（営農の廃止）をしたときは、納税猶予の打ち切りの対象となったが、今回の改正では、このようなやむを得ない事情により農地を貸し付けた場合には納税猶予の継続が認められた。この場合、農地法第3条第1項の許可が得られるものであれば、貸付先は問われない。

さらに、災害・疾病等のやむを得ない事情のため一時的に営農できない場合について、営農継続しているものとする取り扱いが明確化された。具体的には、納税猶予適用者が自ら農業経営を主宰したうえで、農作業を委託した場合、自ら農業経営をしているとみなされる。ただし、3年ごとの税務署への「納税猶予の継続届出書」の提出の際に、農業委員会の発行する「営農困難時貸付を引き続き行っている旨の証明書」を添付する必要がある。

また、納税猶予の打ち切りの事由になる「耕作の放棄」について、該当要件がより厳格化される。具体的には、耕作放棄の対象について、現行では基盤強化法第27条の2第2項の農業上の利用の届出がない場合または同法第27条第2項の通知がなければ耕作放棄とならないこととなっているため、基本構想に要活用農地が位置づけられていない市町村や市街化区域においては、事実上耕作放棄による納税猶予の打ち切りは行われなかった。

改正では、耕作放棄の対象について、市街化区域も含めることとするとともに、農業委員会の指導に従わず耕作放棄である旨の通知がなされたときには、納税猶予の打ち切りの事由に該当する。

利子税の引き下げ

納税猶予の適用を受けているものが、特例適用農地を譲渡等した場合に納付する猶予税額にかかる利子税については、税率が年3.6％（現行6.6％）に引き下げられる。さらに収用に係る利子税については、2分の1の年1.8％に軽減される。ただし、注意してほしいのは、改正前に納税猶予の特例を受けており、20年免除の規定により猶予税額が免除される者に対する利子税は、現行のままの年6.6％（収用の場合は3.3％）になる。

なお、利子税の税率については特例がある。具体的には、「日本銀行の基準割引率＋4％」で計算された率が7.3％に満たないときは次のように計算する。

$$特例適用前の利子税率 \times \frac{日本銀行の基準割引率＋4％}{7.3％}$$

例えば、日本銀行の基準割引率が年0.5％の場合には、利子税の税率について特例適用前の3.6％が、上記算式を適用すると2.2％になる。納税猶予が打ち切りになった場合の利子税の計算に使う日本銀行の基準割引率は、前年の11月30日現在のものとなる。

第5章

富裕層顧客の特性とアプローチ法

病院経営者へのアプローチとポイント

1　医療法人理事長を理解する

　都市・地方の区別を問わず、日本全国共通する富裕層の代表が医師である。医師が集まり白亜の病院を経営する医療法人の理事長はさぞかし優雅でリッチな暮らしをしていると皆さんは想像していることだろう。しかし、病院経営者も他の経営者と同様に悩み、苦しみ、孤独な決断を行っている。本章では、日本の民間病院が抱えている問題や経営の現状を理解し、理事長や院長、事務長の信頼を得て長期にわたる人間関係を創造していくための知見を示すことが目的である。

1-1. 法規制による病院の位置づけ

(1) 黒字病院の比率とその推移

　図表5-1の(1)は黒字病院の比率である。自治体病院は35.2%、民間の医療法人では76.7%が黒字である。裏返せば、民間病院でも23.3%、つまり、4軒に1軒は赤字ということになる。皆さんは外来で何十分、タイミングが悪ければ何時間も待たされたあげく5分診療という門前市をなす病院で、どうして赤字になるのか不思議に思うであろう。この理由や仕組みを理解すれば、

図表 5-1　黒字病院の比率とその推移

(1) 黒字病院の比率

区　分	一般病院	ケアミックス病院	療養型病院	精神科病院	計
医療法人	69.3%	74.1%	84.6%	82.7%	76.7%
自治体	36.1%	28.7%	60.0%	48.1%	35.2%
社会保険関係団体	45.9%	60.0%	―	―	47.6%
その他公的	39.6%	36.1%	100.0%	100.0%	41.0%

(2) 黒字病院の比率の推移

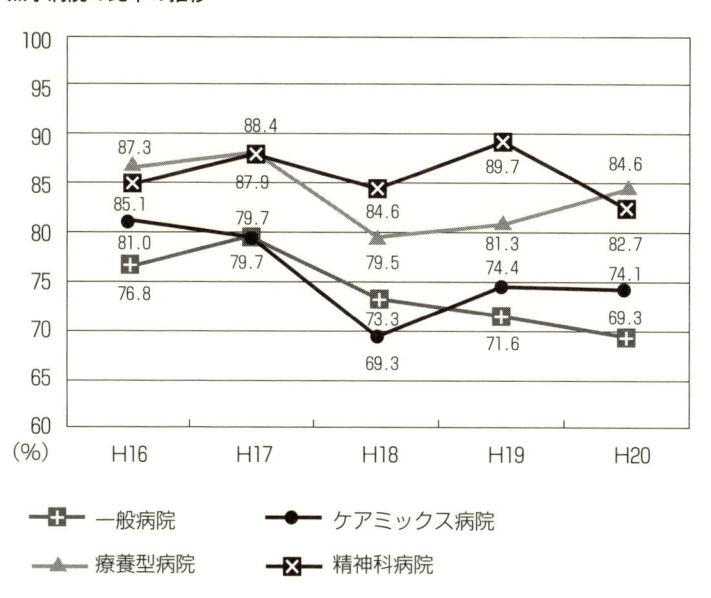

	H16	H17	H18	H19	H20
一般病院	76.8	79.7	73.3	71.6	69.3
ケアミックス病院	81.0	79.7	69.3	74.4	74.1
療養型病院	87.3	87.9	79.5	81.3	84.6
精神科病院	85.1	88.4	84.6	89.7	82.7

出所：厚生労働省HP「平成20年度病院経営管理指標」

病院経営者の心情が理解できる。

　この黒字病院の比率は近年の小泉改革の施策のためだけで生まれたものではない。図表5-1の(2)を見ると、一般病院での赤字は小泉改革で増加したと

いえるが、他のケアミックス病院や療養型病院、精神科病院では、その傾向は見られない。

（2）病床区分と病院の種類

　病院の入院ベッドは治療する疾病によって一般病床、療養病床、精神病床、感染症病床、結核病床に区分されている。これを病床区分という。一般病院、療養型病院（療養型医療施設）、精神科病院などの区別はこの病床区分をもとになされ、特定の病床が入院ベッド数全体の80％以上を占める病院にそうした分類がなされている。例えば、精神病床が80％以上であれば精神科病院となり、長期入院を必要とする患者のための療養病床が80％以上ある病院は療養型病院となる。
　一方、特定の病床が80％未満の病院もある。これらはケアミックス病院と呼ばれ、それ以外の病院ということになる。

（3）病院のコンセプトと地域でのポジション

　どのようなコンセプトで、どのような病気を中心に、どのような診療科とドクターを集めて病院として経営するかは、理事長を中心とする理事会で判断される。自治体病院は別として、民間病院はもともと診療所から発展して病院となったものが多い。親子で何代も医師であり院長であり理事長である家系は、いわば地元の名士であり、その病院は地域にはなくてはならない存在となっている。

（4）さまざまな法規制

　医療法の規定で、病院開設は都道府県知事の許可が必要であり、病院の病

床数も都道府県が作成する医療計画の基準により定められている。病院経営者が医療事業の拡大をする場合は、営利目的であってはならないという原則(医療法第7条5項) もある。また、特別な場合を除いて、余剰金の配当は禁止され (医療法第54条)、医療法人の理事長要件には医師または歯科医師であることが義務づけられている。

1-2.病院経営者に求められる視点

(1) 非営利組織の経営安定化策

病院は非営利組織であり、経営者を医師に限定して医療の公共性を重んじた組織であることがわかる。しかし、配当禁止ではあっても、余剰金が発生しないような経営をしていては設備投資もできなくなり、患者は離れてしまう。また、そこで働くドクターの要請に応えることもできない。ドクターには臨床医師という一面と、学会に所属する研究者の一面がある。特に勤務医は自分の専門性を高めたいという気持ちが大きいのではないだろうか。そのようなドクターの期待に応えるためにも経営を安定させ、学会発表や研修、研究をサポートできるような病院経営をしてドクターの満足度を高めれば、医師不足になるようなことはないだろう。

(2) キャッシュフロー

一方で、ドクターの要望ばかり聞き入れて、マーケットニーズも考えず資

金回収不能な設備投資をすれば、長期にわたって経営が低迷することになる。近年は PET、MRI など大型医療機器は購入の金額だけではなくメンテナンスにかかる費用もばかにならない。PET を導入すれば億単位の購入費用だし、MRI の電球を替えるには数百万円かかる。BS、PL だけではなく、最も大切なキャッシュフローに注意を払う必要があるだろう。設備投資のタイミングは最も重要な経営の意思決定であるが、財務会計に詳しいドクターはそれほど多いわけではない。なぜなら、理事長や院長でも診療にたずさわる医師が多く、経営に徹することができるドクターは少ない。二足のわらじで経営ができるほど病院経営は単純ではないのも事実だ。

（3）オーナーシップの存在

　昔から代々医者の家系で病院経営をしている一族もめずらしくない。医療法が定まる前から医者を家業としている一族にとって、国民皆保険制度は後からできた社会保障制度である。銀行とのおつき合いを始めたのも、法人成りしたのも、病院を建て替える際にまとまった資金が必要だったからということはめずらしいことではない。

　個人ではまとまった資金を貸してはくれない。かといって、法人成りしても個人として保証をする必要がなくなるわけではないことも現実である。組織や経理も近代化されたものではなく、ファミリー経営で自己資金と病院資金の区別がはっきりしない。つまり、病院経営に困ったときは、理事長が病院に貸付を行うようなオーナーシップが存在すると心得るべきだろう。

1-3. プライベートバンカーとしてのスタンス

　以上のことを踏まえ、プライベートバンカーとしてあなたはどのように病院経営者をサポートすればよいのだろうか。そのためには病院経営の現状を理解し、病院経営者にどのようなスタンスで対峙するのかを決めるのがよい。具体的なスタンスとは、経営アドバイザー的に信頼を得て法人資産から個人資産までサポートするのか、または、あくまで個人資産のアドバイザーにとどまり、病院経営へは中立的、かつ、それなりの見識と智恵で相談相手となるかである。どちらにしても、病院経営者の置かれている現状や心理を理解して信頼を得ることが第一である。遊び仲間ではなく、銀行員として対峙したとき、銀行員としての見識が問われているのである。

2 病院の実態を理解する

2-1. 一般病院の収入状況

　病床区分で病院を区別できるが、ここでは一般にイメージされている一般病院の経営状況を確認しておこう。図表5-2は病院の規模別の収入状況である。病院の収入は入院、差額ベッド、外来、その他に区別できる。経営体として病院を見た場合、皆さんの近所の病院がどのくらいの規模の売上を上げているのかイメージをつくってもらいたい。100床、つまり、入院可能なベッド数が100ベッドある病院は総合病院であり、300床を超える規模の病院はかなり大きな規模の病院だと気がつくはずである。500床を超えると大学の付属病院規模である。その売上規模は階級別平均病床数（100床以上199床以下なら平均が150床）に換算すると、75床で12億円、150床で22億円、250床で46億円、350床でも65億円である。白亜の建物で存在感のある病院だが、売上規模で見ればそれほど大きな金額ではない。

　1ベッド当たりで換算すると、階層別平均病床150床の医業収益は他の規模に比較して1,484万円と低い。入院関係からの収入である入院診療収益と室料差額等収益を加算した入院関係収入の医業収入は1ベッド当たり1,000万円程度であり、規模の利益は享受できていないが、他と比較してもそれほど遜色はない。問題は外来収入の単価が思うように向上しないことが原因のようだ。

図表 5-2 病院の規模別の収入状況

(千円)

階級平均 (病院数)	20～49床 35 73	50～99床 75 92	100～199床 150 80	200～299床 250 20	300～399床 350 23	400床～ 13
医業収益	660,420	1,251,379	2,226,413	4,658,399	6,537,064	12,449,081
入院診療収益	326,215	762,926	1,521,402	3,008,109	4,664,272	8,344,589
室料差額等収益	29,572	20,198	34,708	78,334	105,442	263,390
外来診療収益	250,513	412,726	587,849	1,138,610	1,532,613	3,399,147
その他の収益	53,173	75,707	109,631	433,346	234,737	462,215

1ベット当たり換算

医業収益	18,869	16,685	14,843	18,634	18,677	―
入院診療収益	9,320	10,172	10,143	12,032	13,326	―
室料差額等収益	845	269	231	313	301	―
外来診療収益	7,158	5,503	3,919	4,554	4,379	―
その他の収益	1,519	1,009	731	1,733	671	―

1ベット当たり換算のグラフ (x軸:階級平均ベット数、y軸:千円)

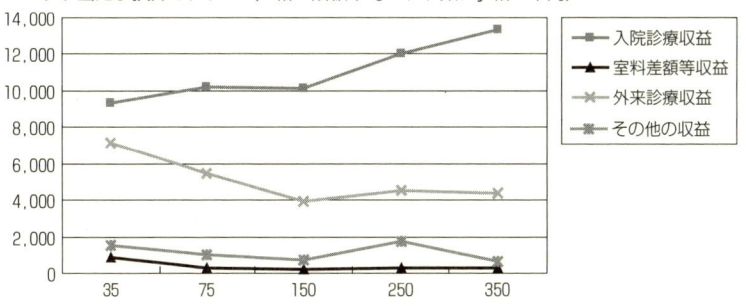

出所:厚生労働省HP「平成20年度病院経営管理指標」より筆者が加工

2-2. 病床数150床の病院の現状とその対応

[考えてみよう]

> 階層別平均病床150床の外来単価が他の階層と比較して低い理由について、患者からの視点でどのような原因があるか考えてみよう。

（1）患者の視点で病院をとらえる

　厳密にいえば外科、内科、産婦人科など診療科目によっても外来の単価は違うだろうが、患者目線に立って間違いを恐れずあえていうなら、250床の病院は敷居が高く鼻風邪程度で気軽に通える病院ではない。それと比べて150床以下の病院は、患者から見て通いやすさがあるといえよう。

（2）ドクターの立場で考えてみる

　一方、75床から2倍の150床になるとしても、ドクターの数が2倍になることはない。とすると、ドクター1人当たりの負担は150床の病院のほうが大きくなる。そうなると外来への対応が手薄となり、患者の待ち時間が増える。
　さらに、入院患者へは満足いくレベルのケアができない事態に陥る可能性も否定できない。病院としては、単価が高い重篤な患者はそれほど来院しないので入院にも思うようにつながらない。まさに、経営の舵取りが難しいのは100床から199床の階層の病院なのだ。

(3) 病院の社会的役割を考慮する

　一般病院は救急病院の体制の区分でも初期（1次）、2次、3次に分けられ、この規模の病院は2次救急の指定を受けている場合が多い。初期（1次）救急が入院を必要としない状態の患者を主な対象としているのに対して、2次救急は24時間体制で手術ができる医療機関である。つまり、ドクターの夜間対応のためのローテーションが必要だし、手術設備が常時稼働できる態勢、具体的には麻酔医がいるか、いなければ執刀医が麻酔を調整しながら執刀しなければならなくなる。3次救急は重篤患者や緊急入院を必要とする患者を対象とする救急救命センターである。このように患者層を考慮すると救急指定のランクに応じたコストと病床数の規模から、100床から199床の病院の経営の難しさがわかる。

【参考】救急医療体制

> 　救急医療体制は都道府県が策定する医療計画によって整備されており、患者の重傷度に応じて初期（1次）、2次、3次の3つのレベルの医療を提供する体制が整えられている。初期（1次）は、入院を必要としない急病患者に対する医療で、休日診療所、準夜間診療所、夜間診療所などが担っている。2次は、入院を要する中・重症患者に対する医療のことで、多くの病院が担っている。3次は、生命危機が切迫している重傷・重篤患者に対する医療で、救命救急センターが担っている。
> 　医療用語としては、2次救急患者、2次救急医療、2次救急医療機関という言葉が事典などに載っているが、医療現場では「初期（1次）」「2次」「3次」とだけいえば、話は通じる。ただし、話題によっては、1次医療圏、2次医療圏、3次医療圏をさすこともある。

Short Story 「2次」「3次」に込められた意味や思い①

　病院経営や医療提供体制などについて病院経営者と話をしている際、「2次」「3次」という言葉が突然のように出てくることがあり、慣れないうちは、何のことかわからないことがある。これは、早瀬が医療の専門出版社で記者をしている友人から聞いた話である。

　早瀬の友人が病院長（理事長）を取材した際、「今の診療報酬体系では、病院経営は厳しいというお声を聞くことがあります。先生はいかが思われますか」と質問したところ、「そうおっしゃる先生方のお気持ちはよくわかります。うちの場合はそれだけでなく、2次指定にもなっていますから、なおさらです」という答えが返ってきた。病院長はこれですべてを察してほしいという表情をした。

　しかし、この記者は理解できず、わからないともいえず、「病院経営をされている先生方の切実な思いを行政に訴えるために、先生のお言葉でその意味をお話しいただけないでしょうか」といい、真意を聞いた。

　すると、「診療報酬体系は病院のほうを向いて決められてきたとはいえません」「2次救急医療機関になっているので、決められたとおり（夜間の医療スタッフなど）患者さんの受け入れ態勢を整えていますが、その費用が病院経営をいっそう厳しいものにしています」「医師として、地域の方々の健康に尽くす者の責務として2次指定に手を挙げているにもかかわらず、2次病院全体で十分な対応ができていないために、3次救急医療機関の先生方にご迷惑をかけているような話も耳にします。そのような状況でお金のことをいうのははばかられます。だから、あまり話したくはなかった」という答えが返ってきた。

　話は替わって、この記者が救命救急センターの外科医を取材した際のこと。午後2時の約束で病院を訪れたのだが、取材が始まったのは午後7時近くになっていた。医師は記者に会うと、遅くなったことを丁寧に詫びた。午前11時頃に患者が搬送され、今まで手術をしていたという。医師は、「お昼を食べていないので、話は食べながらでいいですか」と、笑顔で弁当の包みを記者に掲げた。「どうぞ」と記者がいうと、医師は手づくりの弁当を口に運びながら、こう話し始めた。

　「うちは生命の危機が切迫している重傷・重篤の患者さんに対応するところで、交通事故だとほとんどの場合、人の形をしていない状態で患者さんが来

るんです。さっきまで手術をしていた患者さんもそうです。ちぎれてばらばらになった身体を１つひとつつなぎ合わせて元の形に戻していくんですが、それがとても大変で……。それで、こんなにお待たせしてしまったんです。本当に申し訳ない。なのに、最近は２次の患者さんが来るようになって、困っているというか、怒りを感じますよ。昨夜はあまりにもしつこいんで、とうとう堪忍袋の緒が切れて、怒鳴りつけて追い返したんです。いろいろと事情があるのはわかりますが、もっと２次でしっかり対応してほしいです」

　記者は、救命救急センターの外科医でなくても答えられる的外れな質問をしたら許さんぞ、と釘を刺されているような気がして、「申し訳ないのは、お忙しい先生のお時間をいただいている私のほうです」と恐縮した。

(つづく)

(4) 統計データを活用する

　図表5-3は医業利益率を病院形態別、病床規模別で調査した結果である。やはり、一般病院では100〜199床の病院は0.9％であり、他の規模に比べ、赤字か黒字かのがけっぷち状態である。それにしても民間病院は他の設立形態の病院に比べ健闘している。逆の見方をすれば、自治体病院の赤字は運営主体の自治体が赤字補てんをしなければ運営が継続できないし、それはやがて住民の負担となる。

　病院の区分で見ると、やはり、一般病院はケアミックス病院や療養型病院、精神科病院に比較して経営状態は苦しい。

図表 5-3 医業利益率(病院形態別・病床規模別)

区　　分		一般病院	ケアミックス病院	療養型病院	精神科病院
医療法人	20〜49床	0.4%	0.6%	0.5%	4.0%
	50〜99床	2.3%	3.6%	4.5%	
	100〜199床	0.9%	3.1%	7.5%	
	200〜299床	2.1%	4.5%	8.5%	4.5%
	300〜399床	0.7%	2.6%	0.7%	5.7%
	400床〜	−0.9%	8.7%	8.1%	6.2%
自治体	20〜49床	−26.0%	−39.7%	−28.9%	−44.5%
	50〜99床	−21.9%	−33.7%	−31.1%	
	100〜199床	−24.5%	−17.9%	—	
	200〜299床	−17.0%	−16.6%	—	−49.3%
	300〜399床	−18.1%	−35.7%	—	−52.7%
	400床〜	−11.8%	−8.5%	—	−38.7%
社会保険	20〜49床	—	—		
	50〜99床	—	−4.7%		
	100〜199床	−3.2%	−16.0%		
	200〜299床	−2.5%	5.9%		
	300〜399床	−2.7%	—		
	400床〜	0.7%	—		
その他公的	20〜49床	−14.3%	—	—	
	50〜99床	0.1%	−13.3%	—	−0.2%
	100〜199床	−0.5%	−2.4%	3.3%	
	200〜299床	0.7%	−7.5%	0.7%	—
	300〜399床	−4.1%	−2.9%		6.2%
	400床〜	−1.3%	2.8%	—	—

※網掛けは有効回答数が5以下。以下同じ。

2-3. 医業利益率が0％の病院への対応

[考えてみよう]

> 医業利益率が0％という経営状態の病院はどのような状態にあると理解すればよいか。

（1）医業利益率0％という状態

医業利益率は利益を医業収益で割ったものであるから、医業利益率が0％ということは、人件費やリース代金、金利など現状維持のために必要な費用を除けば余剰がないということである。それは、医療法により医療法人は原則配当禁止だとしても、再生産に必要な新たな設備投資や建物の修繕などが実施しづらくなるということである。赤字の会社にお金を貸し付ける銀行はない。かといって人件費を削減するような給与カットをすれば、医師不足、看護師不足の状況下では他病院へ転職する者も出てくるだろう。

（2）追い打ちの状況を見逃さない

そのようななかで行われるのがオーナー貸付、つまり、追い打ちであろう。この役員貸付は急場しのぎであるが、常態となると本当の病院経営の実態が把握できなくなるので注意が必要である。プライベートバンカーであればオーナー企業のオーナーの実態を把握する場合、個人資産と会社資産（病院資産）を切り離し、実態を把握してアドバイスをする必要がある。

オーナー貸付が恒常的でなんとか赤字を回避している場合は深刻だ。プラ

イベートバンカーなら赤字である本来の決算書をベースにアドバイスを行う必要がある。そうしなければ、やがて個人資産が底をついた状態で病院を売却することになる。その前にどのようなアドバイスができるのだろうか。

（3）病院経営者へのアドバイスのポイント

例えば、医療法の手続きをして療養型病院（療養型医療施設）や介護施設への衣替えを検討している病院もあるだろうが、地域（医療圏）での競合状況も見きわめる必要がある。医療圏、つまり、マーケットを分析することも重要である。療養型病院になることを検討しているのなら、医療圏での高齢化の推移状況、競合病院や老人福祉施設、有料老人ホームの設立状況などを把握しておく。一般病院（急性期病院）を続けるのならば、開業医との連携も重要となるだろう。なぜなら、開業医からの紹介患者は重篤な患者が多く、即入院につながる場合が多いので、病床稼働率が向上する。他の関連業態とのかかわりのなかで自病院のポジショニングを明確に打ち出す必要がある。

【参考】医療圏

> 都道府県は病床の整備を図るために3段階の地域区分をしている。1次医療圏は日常的な医療が提供される区域。2次医療圏は比較的専門性がある入院を含む医療が提供される区域。3次医療圏は最先端医療の確保が図られる区域。2次と3次医療圏は医療法に基づいて必ず設定されているが、1次医療圏を設定していない自治体もある。詳細は、都道府県がHPなどで公表している地域医療計画で知ることができる。

3 アドバイスの基礎知識を学ぶ

3-1. 患者の視点から病院を理解する

　これまで病院は機能別に分化しており専門的な急性期病院では初期（1次）、2次、3次救急と区別があることを学んだ。いわば、政府が実施する医療行政の視点から病院を理解した。今度は患者の視点を中心に置いて、病院と患者のかかわり合いから病院を理解してみよう。

(1) 患者の権利と医療提供体制

　病気や怪我をしたとしたら、どのように病院とかかわるか。それにはいくつかのパターンがある。通常、われわれは症状や怪我の種類・程度に応じて行きたい医療機関を選び、診察・診断・治療を受ける。ときには、救急車を呼んで病院に救急搬送してもらうこともある。どの医療機関にどのような方法で行くかは、医療を受ける側つまり国民の権利として認められている。
　一方、医療を提供する側（ここでは国と都道府県）は、質と経済効率の高い医療を提供することを目的に医療法第30条の4に基づいて、都道府県単位で医療計画を策定して医療提供体制を整えている。具体的な例として、国民の3大疾病の1つである脳卒中の患者に対する医療提供体制について見てみ

図表 5-4　脳卒中の患者に対する医療提供体制

《東京都全域での取組》
- 都民、救急隊、かかりつけ医、介護サービス職員等に対する脳卒中の普及啓発
- ガイドラインに基づき脳卒中の急性期病院として認定を受けた医療機関への迅速かつ的確な患者搬送の実施

患者発生 → 救急隊による搬送

脳卒中の医療連携体制モデル

《各地域ごとの取組》

急性期
《救命救急センター、脳卒中専門病棟を有する医療機関、急性期医療機関》
- 救急搬送された患者に急性期の適切な治療を実施
- 急性期リハビリテーションの積極的な実施
- 容態の安定した患者に対する、地域の医療機関リストに基づく回復期リハビリテーション病院等への紹介
- 患者への今後の治療・支援、退院後の生活にかかる指導・支援、退院時ケアカンファレンスの実施
- 地域連携クリティカルパスを活用した地域の医療機関等との連携

回復期
《回復期リハビリテーション病院等》
- 身体機能改善のための集中的なリハビリテーションを実施

維持期
《介護老人保健施設、介護リハビリを実施する病院・診療所》
- 生活機能の維持・向上のためのリハビリテーションを実施

在宅
《在宅療養支援診療所、一般診療所、歯科診療所、居宅介護サービス事業所、薬局等》
- 24時間体制の在宅療養支援

患者の転院・退院に際して、各医療機関が連携をとり、患者の基礎疾患、治療経過等の情報共有を図る。

出所：東京都保健福祉局「東京都保健医療計画（平成20年3月改定）」

(2) 事例：脳卒中の医療提供体制

医療の流れ

　患者発生と救急隊による搬送、そして治療――。図表5-4の流れを見ると、急性期の疾患があり、治療を受けることによって回復期に向かう。そのまま順調に快方し退院するならば一般病床で完治することになる。しかし、一旦は快方に向かい亜急性期の状態で一般病床に入院しているが、回復せず、慢性疾患と判断された場合、慢性期に対応した療養病床に転院しての治療、療養型病院への転院となる。症状が安定し自宅療養可能で通院するなら病院ではなくても自宅近くの診療所（医院）に通うことになる。

地域連携クリティカルパス

　救急搬送以外のケースとして、偏頭痛などで訪れた開業医から手術が必要ということで、一般病院を紹介されるというパターンも考えられる。このように病院と診療所（開業医）への地域連携クリティカルパス（以下、地域連携パス）という考え方を国は推進している。現在の医療の方向性は機能分化して効率的に地域連携を行うために病院の区別が行われていく。

【参考】地域連携クリティカルパス

> 　クリティカルパスは、製造業やIT業界でもなじみのある言葉だが、医療においては、良質な医療を効率的、かつ安全、適正に提供するための手段として開発された診療計画表のこと。診療の標準化、根拠に基づく医療の実施（EBM）、インフォームドコンセントの充実、業務の改善、チーム医療の向上などの効果が期待されている。

> 地域連携クリティカルパスは、急性期病院から回復期病院を経て早期に自宅に帰れるような診療計画を作成し、治療を受けるすべての医療機関で共有して用いるもの。診療を行う複数の医療機関が役割分担を含め、あらかじめ診療内容を患者に提示・説明することにより、患者が安心して医療を受けることができるようにする目的もある。内容としては、施設ごとの診療内容と治療経過、最終ゴール等を診療計画として明示している。これにより、医療連携体制に基づく地域完結型医療を実現する。
> ※厚生労働省　中央社会保険医療協議会資料（平成19年）をもとに作成。

（3）考慮すべき患者の気持ち

　すべての医療機関はこうした政策に従って医療を提供しているわけだが、患者側の気持ちとしては、いくら治療を受けていたドクターのすすめでも、転院することに不安を抱く。「うちは急性期だから、急性期としての処置は終了したので、今後必要なリハビリは転院してリハビリ病院に行ってください」といわれても、「はい、そうですか」と素直になれないのはどうしてだろう。一方、「うちの病院では対処できない病気なのでこちらの病院に紹介状を書きますから診察を受けてください」といわれると、素直に従ってしまう。さらに、「専門のスタッフを同行させますから安心してください」といわれれば、うれしくなってしまう。

（4）ドクターの言葉遣いと態度

　同行サービスをする背景には、専門スタッフの費用と患者を紹介したことによって得られる逆紹介の患者からの収益とを比較して、利益になるという冷静な計算と、地域連携の中核を担うという理事長・院長の理想がある。そ

れがなければこのような同行サービスまで踏み込めない。

　なによりも、ドクターの患者に対する接遇の仕方が患者の気持ちを素直にさせる第一歩となる。経営に疎いドクターに接遇の大切さを教えること、そして、地域医療、地域連携の第一歩がドクターの言葉遣いにあることを自覚してもらうことが大切だ。地域とともに医療を支えるというビジョンを数字のうえで確信することは、大きな力となる。そのためにも経営者が病院の決算書を理解し進むべき道をドクターやコ・メディカル全員に示す必要がある。経営者が欲しないところに部下が自主的に動くことは稀なのだから。

（5）プライベートバンカーに求められる姿勢

　決算書の理解は大切だが、病院経営者に決算書を読む名人になってもらう必要はない。経営者として組織を動かすこと、つまり、部下の活用が重要である。そのため、プライベートバンカーには、事務長と一体となって決算書を読み込もうとする姿勢が求められる。特に、非営利組織である病院経営者の大義は地域医療への貢献だ。この理想を掲げながら、事務長とともに冷静な態度で決算書に資金の裏づけを求めなければならない。

　また、治療は医師の、そして症状マネジメントは看護師の第一の仕事だが、こうした医療スタッフに経営への理解を求め、地域医療への貢献という大義を実現することが理想だ。経営に関心のない医師や看護師にも、なぜ赤字では自分たちの理想が実現できないのかを理解してもらう必要がある。黒字で実現できた利益をどのように活用すれば大義が全うできるのかを共に考えるような参加意識がなければ、経営者、特に非営利組織である病院経営者は孤立することになる。

　プライベートバンカーには経営者のアドバイザーとして、経営者の力量、部下との関係、さらには後継者も含めて関係者に気を配り、経営を第三者としてサポートし、行政の方向性と患者との間の舵取りを経営者がいかにうま

く行えるか見守ることが求められる。

3-2. 地域連携の円滑化についての視点

[考えてみよう]

　機能分化して効率的に地域連携を行おうとしても、病院同士、病院と診療所・開業医への地域連携パスがうまくいかないケースが多々あり、医業経営者やドクターなど医療スタッフの悩みの1つとなっている。
① 　その原因にはどのようなものがあるだろうか。
② 　また、どのような考えに立ち、どのようなことを行えば地域連携が行えるのだろうか。

（1）地域連携における院内体制の整備

　地域連携パスの難しさは開業医、病院、そして院内のドクター、病院経営者という関係するプレーヤーそれぞれのベクトルの方向性がバラバラな点にある。ドクター同士が知り合いで地域連携の大切さや行政の方針を理解していても、病院組織として推進する旗印がなければ初めの一歩が生まれないだろう。

　また、診療で多忙をきわめるドクターが何から何まで手配するような状況であれば、サラリーマンであるドクターは紹介を行わなくなるだろう。それを実行するには推進部隊が必要だし、患者を紹介することに対して損益上の

採算とサラリーマンであるドクターのインセンティブも必要となる。そもそも推進部隊は病院経営者の理解があって設置されるもので、その運営についても経営者の熱意と組織としての経営方針が重要となる。

（2）医療連携のインセンティブ

開業医の立場から見た病診連携

　病診連携とは、病院と診療所の連携のこと。開業医の立場からすれば、手術が必要な患者がいれば病院に紹介せざるを得ない。手術後は、患者の症状が安定し自宅療養になった段階で病院から報告をもらい、開業医のもとに患者を戻してもらわなければ、地域連携パスは一方向となり成り立たない。

　実際には、病院が開業医に報告をしなくても、患者は自宅療養となればまた開業医のもとに戻ることもあるだろう。だが、このような形で患者が自院に戻っても、開業医は病院からの報告がなければ病院に感謝することはない。開業医にとって地域連携パスのインセンティブとなるものは、実は逆紹介率であり、具体的には病院から開業区へ患者を戻す（逆紹介する）ときの病院側の対応にかかわっている。これは、開業医と病院の間だけでなく、急性期病院と療養型病院との間でも同様である。

連携先の病院から見た病病連携

　病病連携とは病院間の連携のこと。病院間の場合は、病診連携と同様の個別対応とともに、特に月別の数値での年次報告も必要となる。紹介・逆紹介の状況を目に見える形にすることが、関与するすべてのプレーヤーにインセンティブを与える。

診療報酬によるインセンティブ

　行政は医療コストの低減のために医療福祉全体の機能分化を推進し効率的

な運営を目指して地域連携パスを推進しているので、その推進状況に応じた保険点数の配分を行っている。したがって、このように開業医や病院などそれぞれのプレーヤーの視点や状況を把握したうえで、現実的に進んでいない地域連携パスを考察する必要がある。

（3）プライベートバンカーならではの視点

　以上は、病院関係者ではないプライベートバンカーでも、病院経営者のパートナーとなろうと決意しその立場になれば、容易に想像できることである。数値に強いプライベートバンカーであれば、病院経営者の支持のもと、病院事務長に採算性の検証が可能な数値を出す方法のアドバイスもできるはずである。病院関係者の間では常識になっていることでも、実際に数値で検証してみると自分の病院ではあてはまらないことはよくある。

外来患者を増やせば病院経営はよくなるのか？
　入院患者は外来からの流れで発生するのがほとんどであると考えると、外来患者をできるだけ多く受け入れ、外来の時間をできるだけ長くすれば入院患者を確保できると考えるのが自然だろう。ただ、そのような考えだと外来患者に長い待ち時間と短い診療時間を強いることとなり、患者満足度を低下させる。
　勤務医の立場では、回転のよい診察とそのカルテの記入に疲弊し、入院患者へのケアに割く時間が減少してしまう。例えば、症状が安定した入院患者が担当医の診察を受けるのは入院していても週に1回10分ということになる。
　こうした点を見落として、入院患者、外来患者、ドクターなど医療現場のすべての人たちにとって不満な結果となっていないだろうか。このような病院経営を続けていて、患者やドクターをはじめとする医療スタッフの満足度は高まるだろうか。このような経営状態で入院患者が増えてベッドは思うよ

うに埋まるのだろうか。

病床利用率、病床利益率等のデータを活用する

図表5-5は医業利益率（図表5-3）と病床利用率とを示したものである。一般に、病床利用率が高まれば収益上はプラスとなる。その分岐点は何％であろうか。民間の医療法人では精神科病院、療養型病院、ケアミックス病院は80％～90％以上で安定している。

① 一般病院の場合

一般病院では70％～80％が多く、病床数の規模が多くなっても病床利用率は必ずしも増加していない。急性期病院でもある一般病院は患者の種類によって入院患者数は安定していない。

② 自治体病院の場合

自治体病院に至っては、80％以上の利用率を確保している病院は少なく、しかも、一定の規則も見出せない。すべての階層が赤字病院である自治体病院は利用率向上も当然だが、抜本的な改革が必要である医業利益率も考慮すると、病床利用率は80％以上、できれば90％以上を目指す必要があるだろう。

では、入院患者を増加させるためのルートとして外来、救急、紹介があるが、経営戦略としてどのルートにどの程度の経営資源を投入すればよいのだろうか。次項で考えてみよう。

図表 5-5 政府が今後進めていく在宅医療の全体像

◆医業利益率

区分		一般病院	ケアミックス病院	療養型病院	精神科病院
医療法人	20～49床	0.4%	0.6%	0.5%	
	50～99床	2.3%	3.6%	4.5%	4.0%
	100～199床	0.9%	3.1%	7.5%	
	200～299床	2.1%	4.5%	8.5%	4.5%
	300～399床	0.7%	2.6%	0.7%	5.7%
	400床～	-0.9%	8.7%	8.1%	6.2%
自治体	20～49床	-26.0%	-39.7%	-28.9%	
	50～99床	-21.9%	-33.7%	-31.1%	-44.5%
	100～199床	-24.5%	-17.9%	—	
	200～299床	-17.0%	-16.6%	—	-49.3%
	300～399床	-18.1%	-35.7%	—	-52.7%
	400床～	-11.8%	-8.5%	—	-38.7%
社会保険	20～49床	—	—	—	
	50～99床	—	-4.7%	—	
	100～199床	-3.2%	-16.0%	—	
	200～299床	-2.5%	5.9%	—	-0.2%
	300～399床	-2.7%	—	—	
	400床～	0.7%	—	—	
その他公的	20～49床	-14.3%	—	—	
	50～99床	0.1%	-13.3%	—	
	100～199床	-0.5%	-2.4%	3.3%	
	200～299床	0.7%	-7.5%	0.7%	—
	300～399床	-4.1%	-2.9%	—	6.2%
	400床～	-1.3%	2.8%	—	

◆病床利用率

	一般病院	ケアミックス病院	療養型病院	精神科病院
20～49床	71.0%	93.2%	88.8%	
50～99床	75.4%	85.8%	93.0%	91.2%
100～199床	80.3%	83.3%	92.3%	
200～299床	79.4%	88.6%	93.3%	92.1%
300～399床	85.0%	80.7%	94.1%	92.3%
400床～	78.4%	89.8%	93.4%	94.3%
20～49床	72.6%	63.5%	95.5%	
50～99床	61.2%	68.9%	85.0%	86.1%
100～199床	68.5%	72.4%	—	
200～299床	71.3%	69.7%	—	75.5%
300～399床	69.6%	68.8%	—	79.5%
400床～	77.1%	81.0%	—	68.1%
20～49床	—	—	—	
50～99床	—	73.3%	—	
100～199床	66.8%	61.7%	—	
200～299床	71.7%	89.8%	—	97.1%
300～399床	75.6%	—	—	
400床～	76.1%	—	—	
20～49床	86.3%	—	—	
50～99床	68.2%	83.1%	98.3%	
100～199床	83.0%	76.8%	87.4%	
200～299床	75.3%	71.8%	84.8%	—
300～399床	72.8%	84.4%	—	95.7%
400床～	81.4%	74.5%	—	

220

Short Story 「2次」「3次」に込められた意味や思い②

「医者が怒鳴って患者を追い返すっていうのはどういうことだ？ それと、2次って何だ。病院が診ちゃいけない患者なんているのか？」

　早瀬は、記者をしている友人に問い返した。憤りを感じているようだ。

　友人は、やっぱりそう思うかというと、説明を始めた。

「怒鳴ったのは、救急隊員に対してだよ。2次っていうのは、仮に重傷でも命に別状ない患者とか、そうした患者を受け入れる医療機関のことだよ」

「救急車で運ばれてくるんじゃないかとは思ったけど、さっきの話しぶりだと、まるで患者が自分で病院に来たような感じだったぞ。それに、病院なんだから、やっぱり、追い返すのはひどいんじゃないか」

「救命救急センターは3次医療機関といって、生命の危機にさらされている患者を扱うところだ。輸血しても血があふれて、床が血の海になるような。手が空いているからと2次の患者を受け入れて、治療中にそんな患者が来たらどうする。2次の患者をほったらかすわけにもいかないし、今にも死にそうな患者を待たせるわけにもいかない。受入態勢を整えておくために、対象外の患者は受け入れられないんだ。そんなところだから当然、患者は救急隊員に運ばれてくる。当たり前のことをいちいち言葉にしている暇もないところなんだ。だから言葉は必要最小限になるし、それで意思疎通できるのが医療チームだ。あの先生は俺が医療専門誌の記者だから、どの程度の知識があるかを試す意味も込めて、院内で通用する話し方をしたんだ」

「でも、怒鳴ることはないだろ。救急車には患者や家族もいるんだし」

「だからだよ。救急隊員は別の受入れ先を探そうとしたはずだ。でも、患者の家族に懇願されて、しつこく受入れを病院にお願いした。その救急隊員を医者が怒鳴りつけるところを見て、患者の家族もあきらめる。あの先生は、現状では、うち（3次）が泥をかぶるしかないと嘆いてたよ」

　早瀬は友人からこの話を聞かされたときのことを懐かしく思い返した。今では医療体制の知識も十分にあり、一部の病院で大きな変化が起こっていることも知るようになった。

3-3. 入院患者を増やすための視点

[考えてみよう]

> 地域連携パスは、通常の病院外来から入院というルートとは別に、開業医から入院というルートを開拓することでもある。多くの急性期病院が地域連携室などの部署を設置したり、医事課などの課内に地域連携の担当を置いたりして推進しようとしている。では、開業医と病院の病診連携の実績を上げて地域医療を活性化する方策にはどのような方法があるのだろうか。

(1) 円滑な病診連携の事例

　初期（1次）や2次の一般病院と開業医との連携は、病院側の丁寧な対応がなければうまく機能しない。患者の立場からは、開業医から病院への紹介は受け入れやすいが、逆の場合、心理的な抵抗もあるだろう。開業医にも、病院に患者をとられてしまうという不安がある。そのようななか、地域全体を1つの病院と考え、このような問題を解決して実績を上げている事例を紹介しよう。

　長野県松本市にある相澤病院（相澤孝夫理事長・院長）は平成10年5月、地域医療連携室を立ち上げ、平成20年は484名の登録医（医師313名、歯科医師78名、整骨院88名、病院5名）の実績がある[1]。地域医療支援病院として、開業医などへの紹介率は80％を超えている。だが、これまでの10年は、決し

---

1) 参考文献：塚本健三『患者に医療を取り戻せ〜相澤孝夫の病院改革〜』2008年10月、p.59

て容易な道筋ではなかったという。

（2）患者と開業医の不安を取り除く

開業医のために対応する姿勢

　同院の取組みは平成8年、かかりつけ医の在宅医療をサポートし、継続医療と継続看護を充実させる目的で、訪問看護ステーションを設置したことに始まる。急性期病院として新たな患者を受け入れるためには、急性期を脱した患者や症状が安定した患者の退院が必要だが、退院時の説明をしても患者には不安が残る。これに対処するために、訪問看護ステーションが病院と開業医との仲立ちをして、患者と向き合う姿勢を見せる必要があったのだ。

　この訪問看護ステーションの特徴は、病院が設立した機関でありながら、患者の治療がスムーズに行われるように、開業医のために対応する姿勢を貫いている点にある。また、登録開業医は、病院の情報システムにアクセスして、紹介患者の電子カルテを確認することができる。これにより、訪問リハビリステーション、居宅支援事業所、ヘルパーステーションとの効率的でスムーズな連携を実現している。

院長の不退転の決意

　設立当初は、開業医は同院の取組みに疑心暗鬼であった。そこで相澤院長は療養病床を返上して、「当院は急性期に特化した病院であり、患者の取り合いではなく地域連携を推進する」という姿勢を医師会に対して明確にした。当時、療養病床を返上するということは、直接収入減となることであり、大きな決断だった。しかし、これにより開業医の不安は取り除かれた。開業医の信頼を得て地域連携パスを構築することは、急性期の入院患者治療を強化すること、すなわち、急性期病院としての機能強化や特化につながる不退転の決意だったといえよう。

（3）成功へ導く経営者の姿勢

訪れた患者をすべて受け入れる

　著者が相澤院長へのインタビューで感心したことは、救命救急センターの受け入れ患者と受け入れる姿勢を明確にしたことである。病気で困っている人に、とにかくまず「助けの手」を差し伸べるという理念である。患者は自分が軽度なのか重篤なのか判断できない。自分の症状が初期（1次）救急なのか2次救急なのか、それとも3次救急なのかわからない。傷口からは血が吹き出した状態で、ただ、痛みに苦しみ耐えるだけ。そのような状態の患者はすべて診ようという姿勢を打ち出した。重傷度の判断は受け入れた医者が行い、軽度であれば開業医を紹介し、重篤であれば入院できるように必要なベッドを確保する。困っている患者はすべて診て助けることが使命であるという信念が、職員に浸透している。このような理念なしに地域連携パスは成功しない。

院長（理事長）が理念と行動を示すことがスタッフの支えとなる

　相澤院長は医師会などで開業医と顔を合わせる立場にあるが、病診連携の実務で開業医と接触するのは訪問看護ステーションのスタッフである。このスタッフの対応次第で、病診連携に対する開業医の気持ちが決まってしまう。そのため、スタッフ教育が大切なのだが、実は、成功のカギは連携の理念を院長（理事長）自らが行動で示すことにある。同院の場合、相澤院長が療養病棟を返上して自らが掲げる理念を実行した。そして、地域連携パスの意義を改めて説き、担当医の返書記載を徹底させて、病診連携の品質を管理するというミッションをスタッフに与えた。

　紹介患者を開業医に帰す際、担当医がカルテに返書記載をするのは礼儀となっている。しかし、返書記載をしない医師も多く、これを徹底させるという地道な努力を続けることが、病診連携の重要な品質管理となる。忙しいと

嫌がる担当医に記載を依頼し、徹底させていくスタッフの精神を支えるものは、地域連携の理想を掲げる院長（理事長）の理念とそれに基づく行動といえよう。

訪問看護ステーションの目的と位置づけを明確化

　連携スタッフとして訪問看護ステーションを設立しても、そこに所属する看護師が病院の医師に従属していたのでは、地域連携パスはうまく機能しない。そう考えた相澤院長は、訪問看護ステーションを開業医のためのスタッフと位置づけ、病院とは別の棟に設置して物理的にも心理的にも病院医師と切り離した。やがて規模も機能も拡大し、地域在宅支援センターと名称を変更した。収入は開設当初の2,400万円から平成19年度には3億7,200万円と15倍超の水準となり、職員数も3名から76名に拡大した。

　規模の利益が出てくると、同院が進めているIT化との相乗効果も期待できるようになった。希望する登録医には同院の電子カルテを瞬時に閲覧できるようにして、患者にとって検査の二度手間という負担をかけることもなくなった。規模や収入の拡大だけでなく、患者負担の軽減と医療資源の効率化も実現したわけだ。これも経営者の姿勢が成功のカギとなっている。

　仮に院長（理事長）が自分の経営する病院のみの繁栄を願って経営したとすれば、利益最大化のため目先の効率性を追求することになる。多忙なドクターに返書を書かせたり、将来利益につながるかどうか不明な地域連携パスのために、連携スタッフを設置することなどは行わないだろう。

（4）プライベートバンカーに求められる視点

医療資源の効率化と患者満足度の向上

　プライベートバンカーのなかには、開業医が顧客の場合もあるだろう。その関心を少し広げて、医療をメディカルではなくヘルスケアとして大きく捉

える視点が今後、病院経営者へのアプローチで重要となる。具体的には、病院経営者、介護施設経営者、開業医らの連携と富裕層の高齢者を総合的に把握する視点である。そして、今後の医業経営のキーワードは、国が推進しようとしている地域連携パスである。これは、医療費の効率化という政策面だけでなく、患者のQOL（Quality of Life：患者の生活の質）や患者満足度の向上などの観点からも重要な意味を持っている。医療や介護に空白があってはならない。継ぎ目のないシームレスな連携が患者満足度の向上には大切であり、この分野で成功している例は全国的に見てそれほど多くはない。

病院経営者の本業を支えるアドバイス

　資産運用サポートは院長（理事長）の本業で利益を出してから生まれてくるもので、ドクターに資産運用を本業にしてもらう必要はない。資産運用を本業とするのはあなたであり、金融のプロであるからこそドクターが信頼するプライベートバンカーになれる。金融のプロであれば、数字を通して冷静に物事を判断できるはずだ。ただし、プライベートバンカーに求められるものは、公私にわたる見識を持ったアドバイスだ。医療アドバイスの専門家、つまり、医療コンサルタントにならなくてもよいだろうが、患者の立場、開業医の立場、病院経営者の立場で経営者の公私にわたり冷静に考える姿勢が信頼をつかむ第一歩となる。

　そのため、本節では医療業界の現実を学んだ。次節では、医療をとりまく外部環境認識を示す。医療経営者と問題意識の統一を図るうえで、医療が置かれている状況を俯瞰しておくとよい。

第5章 病院経営者へのアプローチとポイント

Short Story 病床の"返上"に込められた意味と想い

　病床を返上する。病床数を減らす際、病床をなくす際によく使われる言葉だが、早瀬はその意味を同僚の山本剛史から教わった。彼はかつて、都内で病院経営に悩む理事長に、病床数を増やして入院患者を増やす提案をしたことがある。理事長は一瞬唖然とし、顔をしかめてこういった。
「病床数は医療計画で総数が決められていて、簡単には増やせないんだよ」
「でしたら、ベッドをなくしてクリニックにしようと考えている病院を知っていますから、話してみましょうか」
　理事長は激怒した。
「君は自分のいっていることの意味がわかっているのか。われわれは、患者さんが健康を取り戻すための大事な病床を都民から預かっているんだ。その責任は君が思っているよりも重い。君はベッドをなくすと簡単にいうが、われわれ医師は病床を都民にお返しする意味で"返上"という言葉を使っている。それを考えている先生は断腸の思いでいるはずだ。そもそも、その先生が了承しても、うちがその分を増やせるわけではないし、できたとしても、そんな話を持ちかけたらその先生が深く傷つく。そんなひどいことはしないでほしい。病院の責任も、医師の気持ちもわからない人とは、話すことは何もない」
　この話を早瀬にしたときの山本は、さすがに自分の無知を恥じていた。

4 外部環境を理解する
～これからの病院経営のことを理事長と語ろう～

4-1. 人が死を迎える場所 ～終末期医療のあり方～

　病院の収入のほとんどが医療保険制度からの保険料収入なので、厚生労働省の中央社会保険医療協議会（中医協）で2年に一度改定される診療報酬の点数が、売上である医業収入を決定することになる。医療と年金に代表される社会保障費の増大は、国家財政逼迫の最大の原因である。消費税率の値上げの議論の根拠もここにある。しかし、いくら財政が逼迫したとしても医療や年金は国民生活の根本にかかわる事柄できわめて重要だ。その解決策がメタボリック診断などの予防医学と在宅ケアである。フル装備の施設である病院や介護施設の入院・入所ではなく、できる限り在宅ケアで終焉を迎えられるような医療介護体制をつくることが国の方針である。

（1）高齢者が望む終焉とは

　図表5-6は医療機関における死亡割合の年次推移である。昭和50年前後を境として医療機関で死亡する割合が、自宅で死亡する割合を超えている。核家族化の浸透とともに自宅で人生の最後を迎えることができにくい状況にある。現在は病院で亡くなることが普通になってしまった。
　患者さんは自宅での急変により病院に救急車で搬送され、病院で蘇生治療

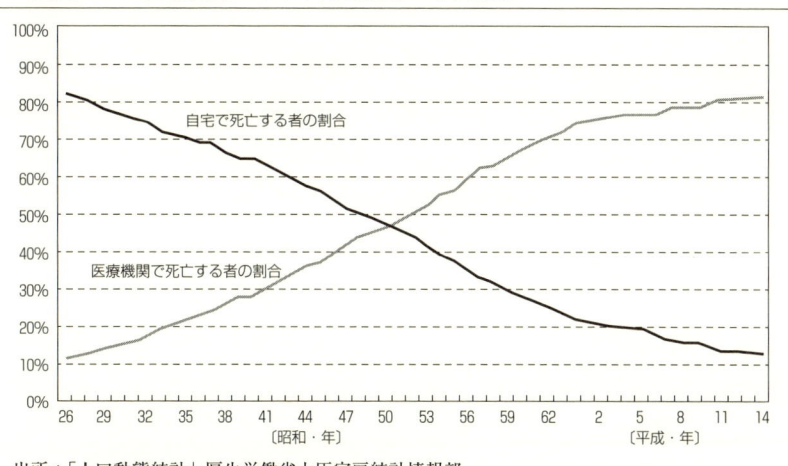

図表 5-6　医療機関における死亡割合の年次推移

（グラフ：自宅で死亡する者の割合／医療機関で死亡する者の割合、昭和26年～平成14年）

出所：「人口動態統計」厚生労働省大臣官房統計情報部
　　　（第18回社会保障審議会医療保険部会平成17年8月10日資料4より）

を受け、その甲斐もなく死亡する。入院していても急変すれば同様だ。駆けつけた家族は最後まで最善を尽くしてほしいと願い、手を尽くしてくれた病院のドクターに感謝する。

　しかし、蘇生治療は、心拍と呼吸を確保することが第一である。そのために、喉に管を入れて呼吸を確保する気管内挿管や心臓に電気ショックを与えて心拍を正常に整える電気的除細動、胸部を激しく圧迫する心臓マッサージなどを行う。ドクターの使命は病気を治すこと、つまり、病気と対決することなので、ドクターは高齢者だろうが若者だろうが、自分の持つすべての力を発揮してそこにある命を守ろうと最善を尽くす。しかし、若者と違って高齢者の骨はもろいので、肋骨は折れるかもしれない。そうした苦痛のなかで死を迎えるよりも、静かな死を希望する高齢者も多い。そのような意思表示をしていない高齢者は、はたして、このような延命治療を望むだろうか。終末期医療のあり方は今後ますます大切な研究分野である。

（2）介護施設の存在意義

ある看護師が介護施設で働くことを選んだ理由

　ヒアリングで出会ったある老人保健施設の統括部長をされている看護師の方に「どうして病院ではなく介護施設を職場として選択したのか」と質問したことがある。彼女は急性期医療の中心であるがんセンターに勤務したことのある看護師だった。介護施設では、老人ケアが対象であり、看護師の数は少なく責任も重い。看護師の花形の職場である大病院を辞めて、どうして介護施設で看護業務をしているのか関心を持ったからである。彼女の答えに私は感動した。
「急変して運ばれてくる患者に蘇生治療を施す。その結果、残念ながら亡くなった人の顔と介護施設で看取った高齢者の顔の違いを忘れることはできない」
　ドクターは病気と闘い、ナースの役割は病状をマネジメントする、といわれている。死を迎える高齢者にとってどのような死の迎え方が望ましいのか、家族にとってはどのような看取り方が望ましいのかの話し合いは、現実的には難しいが、避けられない大切な問題である。

ある介護施設経営者の見解

　ある介護施設の経営者はこう話してくれた。
「家族に歓迎されない高齢者にとって、病院の6人部屋の片隅がその高齢者が亡くなるまでのすべての世界というのでは、これまで日本を支えてきた方の終焉にしては悲しすぎる」
「よい介護施設で介護を受ければ高齢者本人は幸せそうな笑顔になり、仲の悪い兄弟も安心して仲よくなれる。そんな役割も施設にはある」
　介護施設の存在意義はここにある。自宅療養が第一とはいえ、重い要介護度の高齢者を抱えることは家族にも重い負担がかかるだろう。

プライベートバンカーとして終末期ケアと向かい合う

　終焉の迎え方は、高齢化した日本社会にとって重要なテーマであり、それゆえ、プライベートバンカーにとっても大切なテーマとなる。大豪邸で孤独死することもある。高齢者にとって最適な終末期の迎え方とはどのようなものなのか。人それぞれの生き方があるように、終焉の迎え方もそれぞれだ。生き方とともに亡くなる場所や終末治療のあり方、家族の看取り方などについても顧客から本音で打ち明けられるプライベートバンカーであってほしい。

4-2. 高齢者マーケットの可能性

　では、病院経営者へのアドバイスに話を戻して、高齢化社会の変化を具体的に考察してみよう。図表5-7に年齢別に見た死亡者数の推移の表を示した。75歳以上が大半を占め、年齢が下がるに従って死亡する割合は低下している。不謹慎なデータの読み方かもしれないが、75歳以上では、亡くなる方に関するビジネスのマーケットはそれ以下の年齢の2倍ということになる。
　また、今後は、若年層と比べると消費量が少ない高齢者の比重がさらに大きくなる。人口全体が減少するなかで、1日の消費金額が少ない高齢者が増加すれば、消費は落ち込むことになる。社会保障費を消費税に頼りすぎることは危険かもしれない。

(1) 病院の経営戦略の視点

　終焉に深く関与する病院の経営戦略はこの人口推移を抜きには語れない。

図表 5-7 年齢階級別に見た死亡数の推移

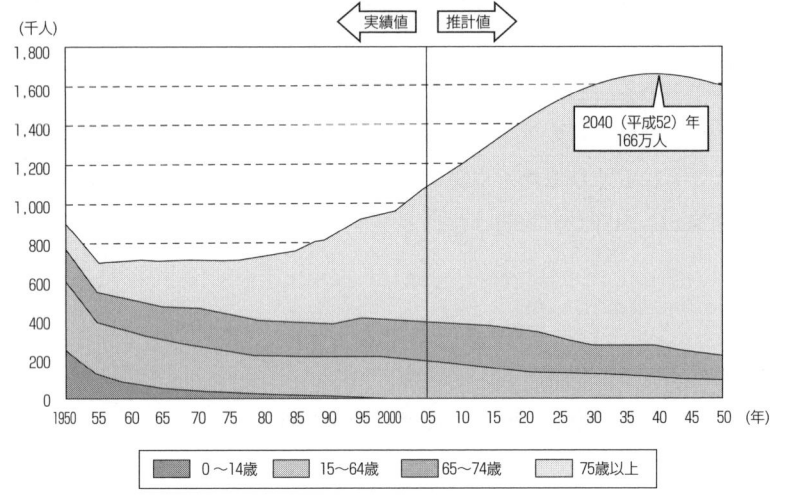

（千人）／実績値／推計値／2040（平成52）年 166万人

凡例：0〜14歳　15〜64歳　65〜74歳　75歳以上

注1：2005年までは「（年齢）不詳」を除く。日本における日本人の数値。
注2：2010年以降は中位推計の場合の死亡数（推計）である。日本における外国人も含む。
出所：2005年までは厚生労働省大臣官房統計情報部「人口動態統計」、2010年以降は社会保障・人口問題研究所「日本の将来推計人口（平成18年12月推計）中位推計」より厚生労働省政策統括官付政策評価官室作成。

多くの病院は介護施設も併設している場合が多く、要介護度の高い認定を受けた入居者の看取り方について、家族も含めて深く考える必要がある。政府の方向性は病院等の施設ではなく、在宅で看取りを進める方向にある。コストの面では、図表5-8の粗い推計で病院での看取りが115万円、在宅では57万円と2倍近い開きがある。医療費の抑制を掲げる政府が、自宅での看取りを推進する根拠の1つだ。患者の家族としても、病院での看取りにかかる医療費の自己負担3割は軽いものではない。重度の障害で入院中の患者である場合や要介護度が高く介護士の介護が不可欠でなければ、患者自身も家族に囲まれて終焉の時を迎えることを望む人は多いだろう。

図表 5-8　終末期患者の入院治療費と在宅治療費の比較

◆終末期の患者の入院治療費の例（粗い推計）
・食道がん手術後、自宅にて療養中、癌性疼痛、癌性発熱等の症状悪化により入院。
・入院後30日で死亡。（主な治療：中心静脈点滴、麻薬、鎮静剤等の投薬、人工呼吸、血液検査　等。

項　目	点　数	内　訳
入院基本料	63,000	入院基本料および入院基本料等加算×30日
投薬・注射	14,000	抗がん剤、麻薬、鎮静剤、解熱剤、抗生物質　等
処置・検査　等	38,000	人工呼吸、酸素吸入、心拍モニター　等

※在宅末期医療総合診療料には、訪問診療料、薬剤料等が含まれている。

30日間の合計	115,000点
1日当たり	3,833点

（1点は10円）

◆終末期の患者の在宅治療費の例（粗い推計）
・食道がん手術後、自宅にて療養中、30日で死亡。
・訪問診療のほか、不穏状態等により往診も併用。

項　目	点　数	内　訳
基本診療料	1,700	再診料、休日加算　等
在宅医療	56,000	在宅末期医療総合診療料、往診料　等

※在宅末期医療総合診療料には、訪問診療料、薬剤料等が含まれている。

30日間の合計	57,700点
1日当たり	1,923点

（1点は10円）

出所：厚生労働省　第18回社会保障審議会医療保険部会（平成17年8月10日）資料4「終末期の医療費・制度別実効給付率について」

（2）医療介護マーケットへの他業種からの参入

　在宅ケアと終末期の医療介護マーケットを対象としたビジネスは、病院や介護施設だけではなく、調剤薬局やドラッグストア、宅配業者からコンビニエンスストアを巻き込んだ新しい展開を見せている。有料介護ホームは、すでに電器メーカーや居酒屋チェーンが展開している。国家財政の逼迫で社会保険料収入や税金に頼った社会保障費が縮小するなかで、高齢者ビジネスは急拡大する。多様な高齢者をどのようにビジネスにつなげるか、安心・安全をいかに提供するか、施設入居や病院・施設選定、さらには認知症になった場合の資産管理、相続をどのように解決するのか。新たなニーズが新たなビジネスを生む環境が、高齢化の進展により育まれている。

（3）他業種による高齢者の囲い込みの動き

　コンビニエンスストアが調剤薬局と提携して実験店舗の運営を始め、ドラッグストアに看護師を配置してドミナント店舗で出店攻勢をかける動きは、持病のある高齢者の生活への対応、さらには、囲い込みの第一歩である。次のステップは医院、病院、そして介護施設への紹介へと発展するだろう。高齢者への生活、持病管理に密着することで高齢者へのイニシアチブを得る戦略である。直接的な目的は商品や薬剤の売上だろうが、介護や病院への紹介手数料、アドバイスフィーを軸にした戦略が立てられる可能性もある。

（4）ファシリティーマネジメントの視点

　外部環境の変化のなかで自分の経営する病院をどのように位置づけ、地域医療とそれぞれの機能を持った施設との連携を軸にどのようなビジネスを展開していくかが、今後は重要となる。地域医療連携パスによる高齢者の受け

入れ先は、医療を軸にドクターの診察によって決定されることは医療法上間違いない。しかし、高齢者がドクターに行き着く前に、ドラッグストアや調剤薬局によって高齢者本人に対するイニシアチブを握られることは、経営戦略上不利となろう。そうならないように、入院環境が整った病院のファシリティーという経営資源をどのように生かすかが、病院経営者の経営手腕にかかっている。社会保険点数の動向ばかり気にしている病院経営者にとって、こうした隣接業界や他業態からの参入は経営者の視野を広げる話題となるだろう。世間話に終わることなく、病院の将来像を親身になって考えてくれるパートナーは、病院経営者にとってかけがえのない存在である。

(5) 今後の在宅医療の全体像から病院経営を考える

政府が進めていく在宅医療の全体像を理解しておこう。図表5-9は厚生労働省のHPに掲載されているものだ。この図で特に注意する点は、「在宅での生活」から伸びている矢印が多いことだ。さまざまな医療従事者が高齢者の在宅での生活を支えていることがわかる。どの主体が在宅で生活している高齢者のケアを担いマネジメントすれば、この矢印が適切に実現できるだろうか。家族と同居なら、家族が行うことになるのだろう。しかし、適切に行えるか疑問である。それを担えるのは、黒い太い矢印でつながれた、かかりつけ医と訪問看護ステーションだろう。政府のビジョンでも、医療面での在宅ケアに関して、この2つが主体となることが期待されている。

しかし、「あなたのかかりつけ医はだれですか」と問われて、すぐさま答えられる高齢者は何人いるだろうか。継続的に訪問し、指導管理をしてくれる医師は、都心では稀有な存在であろう。この点を補完するために、自院と訪問看護ステーションをどのように位置づけ、かかりつけ医とどのように連携していくか、さらには、薬局やドラッグストアなど他業種や隣接業種とどのように連携するかが、今後は病院の経営戦略上重要となる。

図表 5-9　政府が今後進めていく在宅医療の全体像

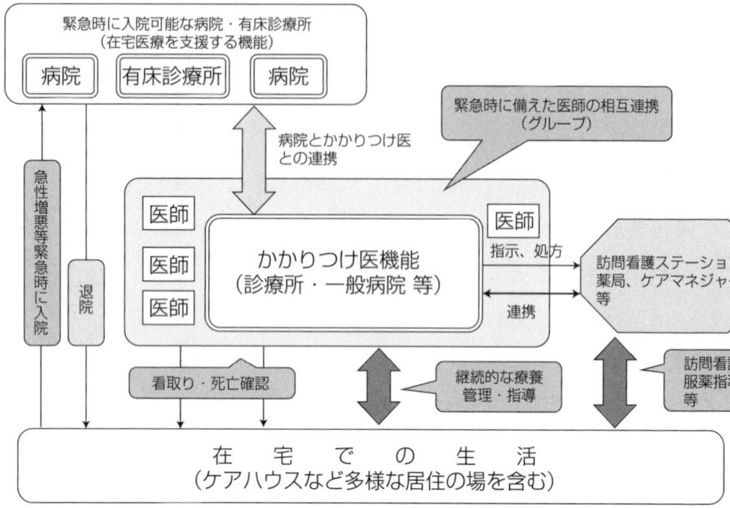

出所：厚生労働省 HP より

4-3. 終の棲家について考える

[考えてみよう]

> 　終の棲家とは終焉を迎える住居のことであるが。それはどのような場所のことなのだろうか。このテーマは病院経営へのアプローチに限定されるものではなく、プライベートバンカーが顧客とする人すべてにかかわるものといえるが、まずは、病院経営者へのアプローチという本章の趣旨に添って具体的に考えてみよう。

終の棲家は場所のことなのだろうか。それとも死を目前に看取られる場面のことなのだろうか。環境や風景のよい自然に恵まれた保養地で孤独に死を迎えるよりも、都市の騒音のなかであっても近所の顔見知りの人たちや友人、家族の顔を見ながら死を迎えたいと思う人が多いのならば、終焉を迎えるプロセスの過ごし方に意味があるように思う。そのプロセスを決定づけるものは人それぞれの価値観だろうし、その人の生き方（死に方）であろう。

ただ、はっきりといえることは、高齢者の子供や孫には、会社など働いている場所があり、通っている学校があるということだ。収入を得なければならない現役世代が保養地で働いていることは稀である。したがって、看取られる場面を優先するならば、風光明媚な場所が必ずしも終の棲家ではないということだ。終の棲家について、これまでの在宅医療の記述をもとにクライアントである病院経営者や介護施設などの経営者とあるべき姿を考えてみよう。

4-4. まとめ

病院の理事長や院長は医師である。医師は医療の専門職であり、経営のプロではない。経営に必要な経営戦略、マーケティング、ファイナンス、人事マネジメントなどの知識・技術をサポートする必要がある。また、医療法では、病院は非営利組織が前提であり、売上である医業収入は診療報酬体系の変更に左右される。

少子高齢化の進展により医療保険制度の存続が揺れている。政府は医療体制の効率化を図る目的で、社会的入院の排除、定額支払い方式の導入、地域

医療連携の推進、重症度による救急医療体制の区分の採用などの改革を実施している。医療人員の偏在によって、自治体病院の閉鎖、周産期医療の診療拒否などが社会問題化している。少子高齢化社会では社会保障への負担増が診療報酬削減につながり病院経営を圧迫する一方で、高齢化マーケットは急拡大するためシルバーマーケットは成長分野に位置づけられている。つまり、国の社会保険制度にばかり目を向けた経営は悲観的だが周辺マーケットは成長分野で楽観的だ。この環境変化に社会保険制度にのみ依存してきた病院経営者が困惑しているのが現状である。経営のプロでもない家業を承継した医師が病院経営を担っている。

　どの業界でも同じだが、業界の常識は社会の非常識ということがある。病院経営をメディカルととらえるのか、それともヘルスケアととらえるのか、未病も含めた地域のトータル・ヘルスケア産業の中核を病院が担うと考えればどのような経営が展開できるのだろうか。信頼できる業界外からのアドバイスは大いに感謝されるだろう。そのためには、顧客の立場で業界のことや病院の将来を冷静に分析・アドバイスし、オーナー理事長、病院長の一族の財産を守ろうとする気構えをプライベートバンカーなら持ちたい。

■著者紹介

有田　敬三（ありた　けいぞう）……………………………………………第2章執筆
立命館大学客員教授。㈱生活経済研究所代表取締役。CFP、消費生活アドバイザー。日本ファイナンシャル・プランナーズ協会常務理事（執行役員）。日本ファイナンス学会、生活経済学会等に所属。
三和銀行（現 三菱東京 UFJ 銀行）に勤務中、1986年、同行が日本で初めて設立したファイナンシャル・プランニング会社「プラザ21」設立に参画、FP 部長として資産運用、相続対策など幅広く財産問題を扱う。1999年7月、㈱生活経済研究所を設立。生活者の視点に立ったファイナンシャル・プランニングを信条に、相続対策や中小企業の経営革新などのコンサルティング、講演、FP 専門誌、新聞連載などの執筆活動を行っている。関西学院大学経済学部などでも教鞭をとる。
著書：『CSの心理学』（近代セールス社）、『まるごと金融読本』（日本経済新聞社）、『ホリスティック　ファイナンシャル　プランニング』（日本法令）、『マネープラン読本』（2002年日本リスクマネジメント学会優秀著作賞受賞）（日本経済新聞社）、『年金読本』（日経大阪 PR）など。

伊藤　宏一（いとう　こういち）……………………………………………第1章執筆
千葉商科大学大学院会計ファイナンス研究科教授。㈱ポラーノ・コンサルティング代表取締役。日本ファイナンシャル・プランナーズ協会常務理事（執行役員）。日本 FP 学会理事。CFP、税理士。専攻はパーソナルファイナンス、ライフプランニング、資産運用戦略。ポラーノ・コンサルティングにおいてソニー㈱FP 相談室顧問として相談業務等に従事。伊藤会計事務所所長として個人・法人の税務相談・FP 相談などに従事。金融機関の一般向け各種講演会の講師活動に従事。NHK・日経 CNBC・TBS ラジオ・日経新聞・マネー雑誌などメディアでの解説活動に従事。
著書：『ライフプランニング−理論と実例（改訂版）』（セールス手帖社、2007年）、「パーソナル・ファイナンス教育のスタンダード（上・下）」『FP ジャーナル』4月号・5月号（日本 FP 協会、2003年）、『58歳からのマネー防御術』（講談社）2010年、監修：『金融商品なんでも百科　平成23・24年用』（知るぽると金融広報中央委員会）2010年、翻訳：P. D. トマスラ Jr.「カオス的市場におけるコア・ポートフォリオの構築と防御」『ファイナンシャル・プランニング研究』No.9、2009年（日本 FP 学会）、『カント政治哲学の講義』（H・アーレント著、伊藤他訳、法政大学出版局）。

柴原　一（しばはら　はじめ） ……………………………………………第 4 章執筆
税理士、宅地建物取引主任者、CFP 資格、一級 FP 技能士。千葉商科大学大学院会計ファイナンス研究科客員教授。東京税理士会会員講師、日本税務会計学会常任委員、株式会社かんぽ生命保険税務コンサルタント、JA 全中・JA まちづくり情報センター顧問、一般社団法人 東京都農住都市支援センター顧問、㈶都市農地活用支援センター登録アドバイザー。
1986年11月　税理士登録し1987年柴原一税理士事務所開設、1989年10月　㈱オーシャンマネジメントサービスを設立し代表取締役に就任、東京郵政局簡易保険局局長賞受賞、2000年 6 月　㈱TFR 総合研究所取締役に就任。
著書：『Q&A 農業・農地をめぐる税務』(編著、新日本出版)、『Q&A 最新　証券税制のすべて』（ぎょうせい）、『Q&A でやさしく解説　農家と地主のための相続対策マニュアル』（日本法令）、「JA 定期借地ハンドブック」（全国農業協同組合中央会）、「定期借地 JA 事業方式マニュアル」（全国農業協同組合中央会）、農住まちづくりブックレット（全国農業協同組合中央会）「徹底検討定期借地」「税制改正 Q&A」（平成 7 ～23年版）「組合員のための相続税読本」）「組合員のための土地活用 Q&A」「温かい遺言」、「都市農地税制必携」（都市農地活用支援センター）など。

三好　秀和（みよし　ひでかず） ……………………………………第 3 章、第 5 章執筆
立命館大学大学院経営管理研究科教授。立命館大学医療経営研究センター事務局長、立命館大学イノベーション・マネジメント研究センター所属。OHS 協議会（産学官医連携プラットホームの拡充についての推進検討会議）委員。日本 FP 学会幹事。生命保険経営学会所属。
1986年慶應義塾大学経済学部卒業後、第一生命保険相互会社に入社。興銀第一ライフアセットマネジメントに出向。同社の資産運用システムの構築と共に、1999年から電子証券取引のプロトコルを確立する日本 FIX 委員会の設立時運営委員を務める。株式取引、株主総会・議決権行使の電子化を図る経済産業省や独立行政法人情報処理推進機構（IPA）の委員を歴任し、日本の証券電子化に寄与。2002年に日経 QUICK 情報（現日経メディアマーケティング）㈱に入社、担当部長として教育事業を立ち上げる。2006年早稲田大学大学院ファイナンス研究科にてファイナンス修士（MBA）を取得。日本商工会議所・金融財政事情研究会共催のDC プランナー認定試験の企画委員会委員を務める。現在、金融教育の普及に加えて、パーソナルファイナンスの視点から医療福祉分野をとらえなおす研究に着手している。
編著に『ファンドマネジメントの新しい展開』（東京書籍）、『ファンドマネジメントのすべて』（東京書籍）、『証券市場の電子化のすべて』（東京書籍）がある。

2011年9月25日　第1刷発行

富裕層顧客の特性とアプローチ法
～プライベートバンカーのためのリテール戦略～

著　者	有田　敬三
	伊藤　宏一
	柴原　一
	三好　秀和
発行者	脇坂　康弘

発行所　株式会社　同友館

東京都文京区本郷6-16-2
郵便番号　113-0033
電話　03(3813)3966
FAX　03(3818)2774
http://www.doyukan.co.jp/

落丁・乱丁本はお取替え致します。　　藤原印刷／松村製本所
ISBN978-4-496-04808-1　　　　　　　Printed in Japan

> 本書の内容を無断で複写・複製（コピー）、引用することは、特定の場合を除き、著作者・出版社の権利侵害となります。また、代行業者等の第三者に依頼してスキャンやデジタル化することは、いかなる場合も認められておりません。